Collection CRÉDIF
École Normale Supérieure de Fontenay Saint-Cloud
Centre de Recherche et d'Étude pour la Diffusion du Français

SOLEIL

3

Éliane PAPO
Iva CINTRAT

LIVRE DU PROFESSEUR

Didier / HATIER

Sommaire

ISBN 2-278-04467-2

Imprimé en France

Quoi de nouveau ?

SOLEIL 3 continue SOLEIL 1 et SOLEIL 2, dans le même esprit, avec le souci de ne pas créer de rupture dans la progression.

Thématique

SOLEIL 3 élargit le domaine dans lequel évoluent les personnages. Les élèves retrouvent Sylvie, monitrice à La Rochelle dans SOLEIL 1, puis étudiante à Paris dans SOLEIL 2 et maintenant institutrice. Ils retrouvent aussi Martine, qui habitait une proche banlieue. Elle entre en 4e. Mais surtout, on quitte l'univers des enfants (la colonie de vacances de SOLEIL 1) et le domaine privé (la maison et la famille de SOLEIL 2), pour la vie de quartier, et, au-delà, les espaces, rêvés ou à conquérir, de l'aventure et de la passion. On dépasse ainsi les intérêts les plus immédiats des jeunes pour les introduire dans la vie sociale, les ouvrir à des aspirations plus vastes, leur confier un rôle actif et les amener à assumer des responsabilités dans le cadre d'une association. En somme, pour les faire grandir...

Contenu linguistique

Il est essentiellement axé sur l'acquisition des relations logiques, des relations temporelles et du discours rapporté.

Quant à la partie **Usages** de la grammaire, elle insiste plus particulièrement sur l'expression de l'opinion et la maîtrise de certaines stratégies discursives, gage d'une véritable compétence de communication.

Structure des unités

La première partie, analogue à ce qui existe dans SOLEIL 1 et SOLEIL 2, comprend dialogues, activités variées, grammaire et usage, orthographe.

La deuxième partie, **Ouvertures**, est nouvelle. Elle a essentiellement pour objectif de développer l'activité de lecture et d'écriture personnelle en fournissant des documents authentiques (non écrits à des fins spécifiquement pédagogiques et scolaires). Les textes choisis privilégient des entreprises originales qui témoignent de passions et d'engagements de jeunes. Elle a aussi pour objectif de développer l'autonomie dans l'approche des textes, autonomie indispensable pour acquérir un début de compétence textuelle (procédures pour comprendre des mots nouveaux, reconnaître des types de textes, etc.).

Cette deuxième partie, qui prolonge la thématique de la première partie, se caractérise par la diversité des activités et des documents proposés.

La rubrique **Des Images et des Mots**, qui la clôture, permet de familiariser l'élève avec la culture en images de la vie quotidienne (celles des objets, par exemple) ou moins ordinaires (des espèces animales en péril ou des voyages aventureux).

La poésie, comme **la lecture**, est donnée **pour le plaisir**. Cela signifie que le professeur peut laisser les élèves lire et apprendre seuls un poème, qui sera dit en classe à un moment privilégié. Le professeur peut donner l'exemple en disant lui-même un poème, comme par jeu.

Enfin, la rubrique **Culture et civilisation** prolonge les deux premières années en apportant des compléments d'information sur les aspects physiques et géographiques de la France (forêts, styles de maison...), sur les métiers, sur la vie culturelle (cinéma, musique, lecture...).

Cet apport est modeste mais se veut incitatif : il peut être enrichi par d'autres sources, mais aussi par la collaboration avec des professeurs enseignant d'autres matières. Les questions ou les consignes qui accompagnent les documents proposés invitent toujours à un travail d'observation, de comparaison, de réflexion.

Démarches possibles

Plusieurs parcours sont possibles à l'intérieur des unités. Rien n'empêche le professeur de suivre l'ordre des activités tel qu'il apparaît dans le livre, et l'ordre des rubriques, en réservant notamment pour la fin la grammaire et l'orthographe dans leur entier.

Néanmoins, au début de chaque unité, nous suggérons un parcours qui unit de façon plus fonctionnelle activités et regroupements grammaticaux, ces derniers apportant un point de vue synthétique et explicatif sur celles-là. Quant aux dialogues, il est préférable de ne pas les interrompre pour ne pas en altérer la cohérence.

Quant à la rubrique **Ouvertures**, on a intérêt à la fragmenter de façon à ne pas proposer tous les textes en continu. De plus, certaines des activités de cette partie peuvent donner lieu à un travail personnel.

Mise en œuvre

Unité 1

1re étape
Les deux premiers dialogues forment un ensemble sur le plan grammatical. Ils portent essentiellement sur l'expression du but, amorcée dans le dialogue 1, reprise et amplifiée dans le dialogue 2. Le dialogue 1 introduit aussi l'expression de la condition, qui sera reprise dans le dialogue 3. On fera donc le dialogue 1 ainsi que les activités 1, 2, 4 et le dialogue 2, suivi des activités 5, 6, 7, 8. On pourra étudier la grammaire 1 pour consolider l'expression du but et la grammaire 4.3 à la suite du dialogue 1.

L'activité 3 ne porte pas sur le but mais sur l'insistance. Elle devra être également faite après le dialogue 1 car elle lui est très liée. Il en va de même pour la grammaire 4.2. L'activité 9, en revanche, n'est pas nécessairement liée au dialogue 2 qui ne lui sert que de point de départ.

2e étape
Le dialogue 3. Les jeunes posent leurs conditions et expriment leur désir d'action et d'autonomie. Il sera suivi des activités 10, 11, 12 et 14. On pourra étudier la grammaire 2 qui porte sur l'expression de la condition.

Avant d'aborder l'activité 13 sur le discours rapporté, traiter la grammaire 3, qui fait le point sur les connaissances des élèves et introduit le conditionnel. L'activité 13 en sera ainsi une application.

L'activité 15, jeu de rôles, permettra d'exploiter les acquisitions en ce qui concerne l'expression du but et de la condition. L'activité 16, « Des mots », est indépendante du contenu grammatical de l'unité, elle pourra donc être faite à n'importe quel moment.

3e étape
Les activités 17 et 18 peuvent être faites à la suite puisqu'elles portent sur l'expression des idées. La grammaire 4.1 les complètera. L'orthographe viendra clôturer cette étape.

4e étape : Ouvertures
L'activité qui accompagne « Des Images et des Mots » peut être conduite indépendamment des autres activités de ce chapitre et des autres activités de l'unité, en guise de conclusion, du moment qu'on connaît déjà l'expression du but.

Les deux autres groupes d'activités, « Conseillère municipale à 12 ans » et « Les petites annonces », seront faites à la fin de l'unité, mais dissociés l'un de l'autre (pas le même jour).

5e étape : Culture et civilisation
Les activités suggérées pourront être réparties au cours du déroulement de l'unité, mais traitées en tant que telles, et non comme un complément à l'apprentissage linguistique. Les deux rubriques seront travaillées séparément.

Unité 2

1re étape

Le dialogue 1 qui annonce les étapes d'un spectacle sera suivi des activités 1, 2, 3. On peut aussi étudier à ce moment la grammaire 3 et la grammaire 4.2. Le dialogue 2, qui porte sur les temps du passé et la notion d'antériorité (plus-que-parfait), sera suivi des activités 4, 7, 9, 10. On peut aussi faire les grammaires 1 et 2.

2e étape

L'expression de la supposition repose sur les activités 5, 6, 8 et 13. On a intérêt à les grouper. On y associera la grammaire 4.1.

Pour rappeler quelqu'un à l'ordre (lui rappeler par exemple une promesse) en utilisant le plus-que-parfait, on fera les activités 11 et 12. Elles devront obligatoirement être abordées après la grammaire 2.

3e étape

Le dialogue 3, qui initie les élèves au travail de rédaction en commun, sera suivi des activités 14 et 15.

On étudiera également la grammaire 4.2 qui porte sur un procédé rhétorique relevant de l'oral ou de l'écrit.

L'orthographe clôture cette étape.

4e étape : Ouvertures

Le travail sur le conte est assez long. On a intérêt à aborder les deux contes (le conte breton, le conte québécois) dans deux séances différentes.

5e étape : Culture et civilisation

On traitera de même séparément les deux rubriques de cette unité.

UNITÉ 1

L'objectif de cette unité est essentiellement l'expression du but et de la condition, à partir de l'occasion qui est offerte aux jeunes de se rendre utiles et de prendre des responsabilités.

Suggestion de parcours

	Dialogues	Activités	Grammaire	Cahier
1re étape	D1	A1, 2	G4.3	
		A3	G4.2	
		A4		
	D2	A5, 6		
		A7, 8	G1	C1, 9
		A9		
2e étape	D3	A10, 11, 14		
		A12	G2	C3
			G3 + A13	C4, 5
		A15,16		
3e étape		A17	G4.1	C8, 10, 11
		A18	G3, G4.1	
			Orthographe	Orth 1, 2, 3
4e étape	Ouvertures			C13, 14, 15
5e étape	Culture et civilisation			pp. 14 et 15

p. 12

Dialogue 1 — « On est venus pour t'aider »

C'est bientôt la rentrée des classes. Sylvie a besoin d'aide pour décorer sa classe. Elle a fait appel à Martine qui a promis de venir avec des amis.

Sylvie : – **C'est vraiment gentil d'être venue**, Martine ! Présente-moi tes amis !

Martine : – Lise et Baptiste. On était dans la même classe l'année dernière. Cette année, **on ne sait pas encore**. Bon, eh bien, **on est venus pour** t'aider.

Baptiste : – **Et pour** faire un peu de musique…

Sylvie : – Oui, je vois que tu as apporté ton **instrument**. C'est une flûte ?

Baptiste : – Oui, une **flûte traversière**.

Martine : – Tu verras, il **joue super bien. Tu sais**, il **joue** l'air de Papageno[1].

Sylvie : – Tu veux nous **jouer** quelque chose tout de suite ?

Martine : – **Non, non, non** ! **Si on travaille bien, alors il jouera**.

Sylvie : – **Quel sérieux, Martine !** Bon, **alors**, il faut commencer à **décorer la classe**. **Sur ce mur, je voudrais** mettre des affiches, des poèmes.

Baptiste : – Et des notes de musique…

Sylvie : – Pourquoi pas ?

Martine : – Moi, j'aimerais **des fleurs et des oiseaux partout**.

Sylvie : – **Je ne vais quand même pas** transformer ma classe en volière !

Lise : – Moi je suis sûre que vos élèves auront des idées, Sylvie…

Sylvie : – **J'y compte bien !**

On préparera ce dialogue par un rappel, sous forme de questionnaire ou de commentaire d'images de SOLEIL 1 et 2.

Exemple : *Vous vous souvenez de Sylvie ? Qui est-elle ? Quels autres personnages connaissez-vous ? Où habite Martine ?* Etc. On réactivera ainsi le mot *institutrice*, introduit dans l'activité 8 de l'unité 8 de SOLEIL 2, p. 207, (Sylvie dit : "*Je veux être institutrice*[2]"). Cela permettra d'expliquer les lignes qui introduisent le dialogue : Sylvie a besoin d'aide pour décorer sa classe.

On pourra aussi faire appel aux élèves pour imaginer la situation : Sylvie a son premier poste (c'est sa première nomination dans une école). On ne sait pas si elle enseigne à Paris ou en banlieue. On peut penser que c'est dans la commune où habite Martine, ou dans une commune proche. L'association de quartier dont il sera question plus loin est plus plausible en banlieue qu'à Paris.

Ce premier dialogue se déroule dans la classe de Sylvie. On peut faire découvrir un indice : "*sur ce mur, je voudrais…*".

Les premières répliques sont un échange de formules de politesse. On distinguera, en particulier par l'intonation et l'accentuation *C'est gentil d'être venue* / "*C'est vraiment gentil d'être venue*" (accentuer "*vrai*"). À l'écoute, les élèves reconnaîtront peut-être la voix de Sylvie. Les autres personnages sont nommés : Martine, déjà connue, Lise et Baptiste, nouveaux venus.

Les temps des verbes employés sont tous connus. Plusieurs de ces verbes sont irréguliers, et très fréquents (*venir, savoir, faire*). Il sera sans doute utile de réviser leur conjugaison, au présent et au passé composé, de même que la conjugaison de *être* et *avoir* (à un autre moment, bien entendu).

La forme "*On est venus **pour… et pour***", suivie de l'infinitif, est connue (cf. SOLEIL 1, unité 5, dialogue 3 "*du papier pour faire des masques*"), mais n'a pas été étudiée systématiquement. D'autres formes pour exprimer le but seront découvertes au dialogue 2.

"*On ne sait pas encore*" sous-entend *on ne sait pas encore si on sera dans la même classe*. *Pas encore*, qui signifie qu'un événement ne s'est pas encore produit, s'oppose à *déjà* et non à *encore* qui, employé seul, signifie *de nouveau*.

On s'appuiera sur l'illustration pour comprendre "*instrument*" et "*flûte traversière*". En réalité, dans *La flûte enchantée* de Mozart, Papageno, l'oiseleur, joue du pipeau.

"*Tu sais*" est avancé comme preuve que Baptiste joue "*super bien*" : *très bien, vraiment bien*. Cet

1. *Papageno* : personnage de l'opéra de Mozart : *La flûte enchantée*.

2. Ce mot tend à être remplacé par l'expression "professeur des écoles", qui désigne le nouveau statut des instituteurs.

emploi du verbe *savoir* crée une sorte de connivence avec l'interlocuteur, et permet d'attirer son attention sur la suite du message.

Le verbe *jouer* est employé intransitivement dans un cas *"il joue super bien"* et transitivement dans les autres (*"il joue l'air de Papageno, tu veux nous jouer quelque chose ?"*.

■ On note la même différence entre *Il danse bien* (c'est un bon danseur) et *il danse la valse*.

D'autres emplois du verbe *jouer* : jouer de son charme, se jouer de quelqu'un, jouer au plus fin, jouer les Matamore, etc. ■

Le *"non, non et non"* de Martine pourrait être suivi de *pas encore*, ou de *pas question* ! L'expression de la condition *"Si on travaille bien, alors il jouera"* sera travaillée en Grammaire 2. Ce qu'il faut dès maintenant vérifier, c'est le lien logique entre le travail effectué et la performance de Baptiste.

On fera remarquer la concordance entre présent et futur (*# si on a bien travaillé, alors il jouera*).

"Quel sérieux, Martine !" est gentiment ironique et doit être souligné par l'intonation. En effet, on dirait que Martine se prend pour un adulte, dont c'est habituellement le rôle d'avoir des exigences et de poser des conditions...

Commence alors la discussion à propos de la décoration de la classe.

Le *"alors"* employé par Sylvie a une valeur phatique (il facilite la communication), même s'il veut dire aussi *maintenant*. À l'oral, beaucoup de phrases commencent par *alors*. En revanche, dans la réplique précédente, *alors* marque une articulation logique et introduit une conséquence : *"alors il jouera"*.

"... décorer la classe" est expliqué par ce qui suit : affiches, poèmes, notes de musique... Sylvie enseigne soit dans une école primaire, soit dans une école maternelle : ses élèves ont donc forcément moins de 11 ans. L'idée de Martine (*"des fleurs et des oiseaux partout"*) la fait rire, à cause sans doute du bruit produit par les oiseaux dans une volière (grande cage à oiseaux), et des soins qu'ils demanderaient !

"je ne vais quand même pas..." est une expression idiomatique qui veut dire : *je ne vais tout de même pas... , je ne peux pas aller jusqu'à... , il est impossible que...*

"J'y compte bien" : *j'espère bien*. On peut rapprocher cet emploi de *compter* de *je compte sur lui*, c'est-à-dire à la fois *j'ai besoin de lui* et *j'ai confiance en lui*.

Dans les classes où on développe l'initiative et la responsabilité des élèves, ceux-ci participent, bien sûr, à la décoration. Leurs travaux sont souvent affichés sur les murs (dessins, peintures, textes, réalisations diverses...). La décoration réalisée par Sylvie et ses compagnons doit surtout créer une atmosphère agréable pour la rentrée : ensuite elle évoluera...

1. Peux-tu répondre ?

Vrai : Ils sont venus pour aider Sylvie. Baptiste jouera de la flûte seulement s'ils ont bien travaillé.

Faux : Les jeunes sont venus pour s'amuser. Lise et Baptiste connaissent Sylvie.

2. Rythme et intonation

Quand même

⇒ G4.3

L'intonation est marquée pour dire qu'une chose est impossible.

3. À ton tour

Insister : *vraiment* ⇨ **G4.2**

1. C'est vraiment gentil de m'avoir acheté une guitare ! Je vous remercie vraiment beaucoup de m'avoir…
2. Le français est vraiment très difficile cette année !
3. C'est vraiment triste : le chat de Laurent est mort !
4. Ariane a déménagé, c'est vraiment dommage ! Elle habite vraiment loin maintenant !
5. Vous devriez aller voir ce film : il est vraiment beau, vraiment très beau !

■ On se contente pour l'instant d'introduire *vraiment* devant un adjectif ou un adverbe. On pourra ultérieurement le détacher : *Vraiment, le français est très difficile, cette année !* ■

4. À ton tour

Par exemple, les élèves pourraient apporter des dessins, des photos ; ils pourraient aussi apporter des plantes, des jouets (dans les petites classes), etc.

RELAXATION

On fera prendre conscience, très lentement, de chaque partie du corps concernée. Pour le ventre, faire faire des inspirations (le ventre se gonfle "comme un ballon"), et des expirations profondes (le ventre se vide complètement).

p. 15

Dialogue 2 — Tous ensemble

Les mêmes en fin d'après-midi.

Sylvie : – **On a bien avancé**, **c'est presque fini.** Il reste à ranger. Je le ferai demain. Lise, **tu es la reine des affiches ! Celles que** tu m'as apportées sont superbes ! Et toi, Martine merci pour ton poème.

Martine : – C'est Maria qui me l'a envoyé. **Elle l'avait appris** l'année dernière, en classe de français.

Sylvie : – **Baptiste, tu as dit que tu jouerais** un peu de musique… Après, j'ai quelque chose à vous dire.

(*Petit air de flûte*)

Sylvie : – Bravo, Baptiste. J'aimerais t'enregistrer pour faire entendre de la musique à mes élèves le jour de la rentrée.

Baptiste : – Avec plaisir ! **J'espère que je serai à la hauteur !**

Martine : – Sylvie, tu as dit que tu avais quelque chose à nous dire…

Sylvie : – Eh bien voilà : je fais partie d'une association qui s'appelle « Tous ensemble » et j'aimerais que vous y veniez aussi. Elle ne marche pas très bien et on a besoin de vous.

Martine : – Pour quoi faire ?

Sylvie : – Pour nous donner des idées.

Lise : – C'est super, ça ! Moi, des idées, j'en ai plein !

Martine : – Et elle sert à quoi, cette association ?

Sylvie : – Le but de cette association est d'aider les gens à mieux vivre. Par exemple, aider les personnes âgées à faire leurs courses, garder des enfants, promener les chiens, etc. etc.

Lise : – On pourrait aussi organiser des voyages.

Baptiste : – Et des concerts !

Sylvie : – Je vois que j'ai eu raison de faire appel à vous ! La prochaine réunion est samedi après-midi dans notre nouveau local, à côté de la Mairie. Je compte sur vous !

Le dialogue 1 est censé se passer en début d'après-midi. Celui-ci se déroule en fin d'après-midi (à la fin de l'après-midi). Les personnages sont les mêmes qu'au dialogue 1 ; on les fera énumérer.

"*On a bien avancé*" : *on a avancé le travail, on a bien travaillé*. Au sens propre, *avancer* est le contraire de *reculer*, en voiture par exemple.

"*... c'est presque fini*" : *ce n'est pas encore tout à fait fini mais presque, il reste peu de chose à faire, on a encore des petites choses à faire*. La construction *il reste à* + infinitif est fréquente. Exemple : *Qu'est-ce qu'il te reste à faire (comme travail) pour demain* ?

"*Tu es la reine des affiches*" : expression imagée, dite sur le ton de la plaisanterie, qui veut dire *tu es la championne, la meilleure, la première*.

"*celles que*" est connu (cf. SOLEIL 2, U6, G4), mais on peut néanmoins proposer la phrase : *tu m'as apporté des affiches superbes*, pour rappeler l'emploi du pronom.

Le petit poème affiché (*Le chat*) permet de rappeler un épisode de SOLEIL 2 (la venue à Paris de Maria, la cousine espagnole de Martine) et de redire ce poème.

"*Elle l'avait appris*" : *elle l'a appris*, introduit le plus-que-parfait qui sera étudié à l'unité 2.

"*Baptiste, tu as dit que tu jouerais...*" introduit un nouvel aspect de la concordance des temps, abordée dans SOLEIL 2 (*je dis que je jouerai / j'ai dit que je jouerais*).

Baptiste, qui ne connaît pas encore bien Sylvie, se montre un peu timide. "*J'espère que je serai à la hauteur !*" signifie : *j'espère que je jouerai bien, que je serai capable de faire ce que vous me demandez, que je ne vous décevrai (décevoir) pas*. Cela montre qu'il est scrupuleux et désireux de bien faire.

■ Des ailes pour vos idées

Monter un club de sport, un groupe de musique ou une association humanitaire demande une sacrée dose d'énergie. Pour réaliser pleinement ces projets, il est utile de leur donner une dimension juridique.

L'association "loi 1901" est la forme la plus employée de statut, conjuguant efficacité de fonctionnement et souplesse de mise en œuvre. On compte plus de 600 000 associations en France et il n'est pas rare de croiser un copain qui soit adhérent, membre actif ou administrateur d'une association.

La création d'une association répond à des règles et à une chronologie précise. Cette rigueur permet de bien mesurer chaque détail du projet et donne des garanties de réussite, par exemple, pour obtenir la mise à disposition d'un local, un soutien logistique (sonorisation, transports, restauration, hébergement, etc.) ou une contribution financière (subvention, sponsoring, mécénat).

Comment créer une association

– Pourquoi "loi 1901" ?

C'est l'année de parution de la loi et de son décret d'application au "Journal Officiel de la République française". Malgré son âge, ce texte est encore tout à fait d'actualité.

– Comment déclarer une association ?

Dès que les statuts sont complets et approuvés par les fondateurs (2 au minimum), ils sont déposés à la préfecture du département, accompagnés d'une lettre de déclaration (modèle disponible dans les préfectures).

– Que sont les statuts ?

C'est la règle du jeu, le contrat qui unit les membres et régit leurs droits et obligations. Toutes les préfectures ont un service spécialisé prêt à vous aider pour la rédaction des vôtres. Il existe un modèle universel, les "statuts types", qu'il suffit de compléter. Rien de sorcier.

– Combien ça coûte ?

L'inscription au "Journal Officiel" pour officialiser la déclaration coûte 270 francs. C'est la préfecture qui se charge de transmettre l'annonce. Le prix maximum des cotisations dues par les membres est fixé à 100 francs par an.

– Qui peut participer ?

Il n'y a aucune restriction d'âge, de sexe ou de nationalité pour faire partie d'une association. On obtient le droit de vote et d'éligibilité au Conseil d'Administration à partir de seize ans, et celui de faire partie du "bureau" (président, secrétaire, trésorier) dès la majorité légale.

Les Clés de l'actualité, n° 120 – 15 au 21 septembre 1994. ■

5. Peux-tu répondre

C'est Maria qui lui a envoyé ce poème (qui *le lui* a envoyé n'est pas connu).

Pour faire entendre de la musique à ses élèves le jour de la rentrée.

Pour l'aider à décorer sa classe, à lui donner des idées pour son association.

■ La distinction entre *à condition de* et *à condition que* est faite à la G3 de l'U5. On pourra, à cette occasion, faire de même avec *pour* + infinitif et *pour que* + subjonctif. ■

C'est d'aider les gens à mieux vivre.

6. Mon dictionnaire

Expression du but

Dialogue 2 : pour faire entendre de la musique...
pour nous donner des idées
Et elle sert à quoi ?
Le but de cette association est d'aider...

7. À ton tour

Expression du but

⇨ G1

1. Pour l'aider à décorer sa classe.

2. Pour leur faire plaisir, pour leur jouer un petit air.
3. Pour décorer la classe, pour la rendre plus gaie.
4. Pour lui donner des idées.
5. Dans le but (celui) d'aider les gens à mieux vivre.

8. Entre vous

Expression du but

⇨ G1

Exemple : Organiser des cours de musique pour les enfants, récolter des vêtements chauds pour les distribuer, accompagner les personnes âgées au jardin ou chez le médecin, etc.

⇨ **Cahier 1, 9**

9. Entre vous : Jeu sur la langue

Dire moins pour exprimer plus (litote)

1. J'ai un peu mal au pied, ce n'est rien, ce n'est pas grave (cf. Rassurer quelqu'un, U5, G6).
2. Excusez-moi mais j'ai un peu sommeil, je crois que je vais rentrer.
3. Je suis un peu en retard, j'ai un petit retard.
4. Elles sont un peu chères pour moi.
5. Elle (il) n'est pas mal. Il est assez beau (elle est assez belle).
6. J'ai un petit peu faim.

p. 17 Dialogue 3 — La première réunion

Sylvie : – Je vous présente trois jeunes amis qui vont nous aider.
Monsieur Portal : – **Enchanté**. Je m'appelle Yves Portal. Je suis un des adjoints au Maire et je m'occupe **des questions administratives** de l'association.
Madame Gervais : – Et moi, je suis madame Gervais. Je suis mère d'élève et **déléguée pour la classe de 5e**. J'ai un fils un peu plus jeune que vous.
Les jeunes : – Nous, on entre en 4e.
Madame Gervais : – Est-ce que vous êtes d'accord pour faire partie de « Tous ensemble » ?
Martine : – Ça dépend. **Si on a des responsabilités**, alors, on sera d'accord.
Sylvie : – **C'est justement pour ça que** je vous ai demandé de venir avec nous…
Les jeunes : – Oui ! Super !
Mme Gervais : – **Pour commencer**, on voudrait organiser une fête de rentrée ouverte à tous les gens du quartier et pas seulement aux élèves et à leurs parents. **On a besoin de vous pour nous donner des idées** et pour nous aider. Monsieur Portal s'occupera de trouver de l'argent.
(*Rires*)
Moi, je demanderai aux mères de famille de m'aider pour le buffet.
Sylvie : – Nous avons déjà un Papageno !
Mme Gervais : – Bravo !

Baptiste : – Moi, mes parents ont une amie québécoise **qui est conteuse**. **Elle arrive dans quelques jours**. Je pourrais peut-être lui demander de venir...

Sylvie : – Ça, c'est une idée géniale ! Et toi, Lise, tu nous apporteras encore des affiches ?

Lise : – Oui, **je me charge de la décoration**. Vous verrez, **vous ne reconnaîtrez pas votre local !**

Sylvie : – C'est notre président qui va être content !

(*Tout le monde rit.*)

Sylvie emmène ses trois jeunes amis dans le local où se tiennent les réunions de l'association "Tous ensemble". Elle les présente aux deux adultes qui s'en occupent : un adjoint au maire de la ville (les maires ont plusieurs adjoints) et une mère d'élève.

Quand Sylvie les présente, Monsieur Portal dit "*Enchanté*", formule conventionnelle souvent utilisée par les adultes.

"*... des questions administratives*" : les comptes, les autorisations à demander, etc. ce qu'on appelle les formalités administratives et, familièrement, la *paperasserie* (du mot papier).

"*déléguée pour la classe de 5e*" : chaque classe a des représentants des parents et des élèves aux conseils de classe, qui réunissent tous les professeurs de la classe ainsi que le Principal (directeur) du collège.

À la question de savoir si les jeunes sont d'accord pour entrer dans l'association, Martine, d'emblée, pose ses conditions : s'ils ont des responsabilités. Comme on l'a vu au dialogue 1, *alors* marque un lien logique entre une condition (avoir des responsabilités) et une conséquence (être d'accord).

"*C'est justement pour ça que*" permet d'insister sur la cause : *c'est exactement la raison pour laquelle je vous ai demandé de venir avec nous.*

■ Autre exemple : vous avez envie de poser une question, quelqu'un d'autre la pose à votre place : *c'est justement ce que j'allais demander.* ■

"*Pour commencer*" : *d'abord.*

Madame Gervais répète ce qu'a dit Sylvie au dialogue 2 : "*On a besoin de vous pour nous donner des idées*". Elle présente le fait de trouver de l'argent (par exemple, en en demandant à la mairie, aux parents...) comme allant de soi, comme quelque chose de facile, voire d'agréable. Or, ça ne l'est pas du tout ! C'est pourquoi tout le monde rit.

Madame Gervais connaît sûrement l'opéra de Mozart puisqu'elle ne demande pas qui est Papageno.

Les parents de Baptiste ont une amie qui vient du Québec et *qui est conteuse* : qui dit des contes.

■ C'est une activité qui a tendance à se développer à nouveau, en particulier au cours des fêtes locales, dans les bibliothèques pour enfants, l'animation des hôpitaux... Il existe aussi des festivals du conte. ■

"*Elle arrive dans quelques jours*" : *dans deux ou trois jours, dans peu de temps.* (Sur la différence entre *quelques* et *plusieurs*, voir unité 6, grammaire 3).

"*Je me charge de la décoration*" : *c'est mon affaire, je suis responsable de la décoration, j'en prends la responsabilité.* On remarque que Lise, qui ne s'était pas beaucoup manifestée au cours des dialogues précédents (sinon pour dire qu'elle avait des idées...), affirme ici sa personnalité et son goût pour la décoration.

"*Vous ne reconnaîtrez pas votre local*" : *il y aura tellement de changements que vous ne le reconnaîtrez pas.* Sylvie n'est pas sûre que le président de l'association appréciera ces changements... Elle est même sûre du contraire (il est peut-être un peu conservateur, un peu "vieux-jeu", il n'aime pas le changement, ni le désordre...).

10. Peux-tu répondre ?

Monsieur Portal trouvera de l'argent, s'occupera des finances.

Madame Gervais s'occupera du buffet, avec l'aide des mères de famille.

Baptiste essaiera d'amener une conteuse québécoise, demandera à une conteuse québécoise de participer à la fête.

Lise se chargera de la décoration. Quant à Martine et Sylvie, on ne sait pas encore ce qu'elles feront, quel sera leur rôle.

11. Rythme et intonation

La condition

On remarquera l'intonation montante sur la fin du mot *responsabilités* et l'ensemble constitué par la 1re partie (condition) et la 2e partie (conséquence) de la phrase.

12. À ton tour

Expression de la condition

⇨ G2

1. si l'acoustique de la salle est bonne ; si je ne suis pas seul(e) à jouer ; si je ne joue pas seul(e).
2. si la pluie cesse, s'arrête, s'il fait beau.
3. si tu essaies d'abord tout seul, si tu me montres ton cahier de brouillon, si tu me promets de faire attention.
4. si le cours a lieu le mardi ou le vendredi (les autres jours, je ne suis pas libre).
5. si tu viens avec moi, si tu m'accompagnes.

⇨ Cahier 3

13. À ton tour

Discours rapporté : futur / conditionnel

⇨ G3

4. Il m'a demandé si mes amis feraient aussi partie de l' (notre) association.
5. Il m'a demandé si je faisais déjà partie d'une autre association.
6. Il m'a demandé si mes amis faisaient partie d'une autre association.
7. Il m'a demandé quel était le but de l'association.
8. Il m'a demandé qui s'occuperait de trouver de l'argent.
9. Il m'a demandé qui s'occuperait du buffet.
10. Il m'a demandé qui se chargerait de la décoration.
11. Il m'a demandé de quoi je me chargerais.

⇨ Cahier 4, 5

14. Mon dictionnaire

Se charger de

Je ferai la décoration.

15. Entre vous : Jeu de rôles

Buts et responsabilités

16. Des mots, des mots, des mots

Jouer du (de la, des), jouer au (à la, aux), faire du (de la, des)

1. du violoncelle, du tambour, du hautbois
de la harpe, de la viole, de la mandoline
des castagnettes, des maracas

2. Quand on parle d'un instrument de musique : *jouer du*. Quand on parle d'un jeu ou d'un sport : *jouer au*.

3. Quand on parle d'un jeu ou d'un sport qui comporte un ballon : *jouer au* (cf. ci-dessus) ; quand on parle d'un autre sport : *faire du (de la, de l', des)*.

17. Lecture et expression orale

Exprimer son opinion sur l'école ⇨ **G4.1**

On s'appuiera sur les opinions très tranchées exprimées dans le texte pour lancer la discussion.

⇨ **Cahier 8, 9, 10, 11**

18. Expression écrite

Exprimer son opinion ⇨ **G4.1**

p. 21

GRAMMAIRE ET USAGE

1. Le but et la cause

1.1 Martine et ses amis ne sont pas venus pour s'amuser, ni pour bavarder avec Sylvie. Ils sont venus pour l'aider.

Dialogue 1 *On est venus pour t'aider*
Et pour faire de la musique

Dialogue 2 *J'aimerais t'enregistrer pour faire entendre de la musique à mes élèves.*
Pour quoi faire ?
Elle sert à quoi ?
Le but de cette association est d'aider les gens à ...

1.2 On verra dans le mémento 1/2 que la cause précède un événement ou une prise de parole et que le but est une anticipation. On peut dire, d'une autre façon, que la cause est rétrospective et le but prospectif. Ici, il s'agit de distinguer les deux constructions et de repérer que la question sur le but s'écrit en trois mots (*pour quoi faire ?*) alors que la question sur la cause s'écrit en un seul mot (*pourquoi ?*).

Le but : *Pour quoi faire ?* (dialogue 2)
Pour nous donner des idées.

La cause : *Pourquoi Sylvie pense-t-elle qu'elle a eu raison de faire appel aux jeunes ?*
Parce qu'ils ont des idées.

⇨ **Cahier 1**

2. La condition

Au cours de cette troisième année, on étudiera la condition réalisable : *si* + verbe au présent, suivi (ou précédé) d'un verbe au futur. Elle sera complétée à l'unité 5 par l'expression *à condition de, à condition que*. On n'étudiera pas la condition non réalisable, irréelle, telle que : *si j'avais le temps, je viendrais te voir* (mais je n'ai pas le temps).

3. Paroles rapportées : concordance des temps

3.1 Il s'agit d'un rappel de ce qui a été étudié dans SOLEIL 2. Les transformations sont les suivantes :

– la 1re personne (**j**'ai) se transforme en 2e personne (**tu** avais)
– **vous** devient **nous**
– le présent (**ai**) devient imparfait (**avais**).

3.2 La forme en **-rait**, que l'on appelle aussi le futur dans le passé, est nouvelle. Ce sera l'occasion de faire apprendre la conjugaison de quelques verbes au conditionnel présent.

	Radical	*Désinences*	
		Futur	***Conditionnel***
je	jouer	ai	ais
tu	"	as	ais
il, elle	"	a	ait
on	"	a	ait
nous	"	ons	ions
vous	"	ez	iez
ils, elles	"	ont	aient

Le futur (**jouera**) se transforme en conditionnel (**jouerait**), le présent (**dit**) se transforme en passé, ici en passé composé (**a dit**).

4. Usages

4.1 Seul *sérieux* peut être adjectif ou substantif. On fera imaginer des situations dans lesquelles on emploiera ces exclamations.

4.2 *C'est* + adjectif caractérise une situation. Exemple : *C'est vraiment triste* (cette situation, ou ce que tu viens de dire).

Il est + adjectif caractérise une personne, un animal ou une chose.

4.3 Quelques exemples :

Tu ne vas quand même pas partir avant la fin du film !
Je ne vais quand même pas tout faire tout(e) seul(e) !
Tu ne veux quand même pas que je te fasse ton travail !
Tu ne peux quand même pas voyager si loin, tout(e) seul(e) à ton âge !

p. 23

ORTHOGRAPHE

1. Écoute et regarde

Trois fois. – ss- c- t – **décoration**

Il existe aussi : organiser → organisation
imaginer → imagination
inviter → invitation
inscrire → inscription

Attention ! Ne pas confondre avec **expression**.

⇨ **Cahier, Orth. 3**

2. Rappelle-toi

Le futur se construit en ajoutant à l'infinitif du verbe le présent du verbe **avoir** pour les trois personnes du singulier et la 3e personne du pluriel, ses terminaisons pour la 1re et la 2e personne du pluriel : **ons**, **ez**.

Cette observation doit aider les élèves à trouver eux-mêmes le futur d'un verbe, au lieu de chercher simplement à s'en souvenir.

⇨ **Cahier, Orth. 1**

3. Écoute et regarde

Skier, crier, se conjuguent comme *jouer.*

4. Regarde bien

on **a** bien **avancé**
celles que tu m'**as apportées**
c'est Maria qui me l'**a envoyé**

Ces trois verbes sont conjugués avec l'auxiliaire **avoir**.
Dans le 1er cas, le verbe n'a pas de complément d'objet direct, d'où la terminaison **é**.
Dans les deux autres cas, le verbe a un complément d'objet direct placé avant le verbe.
Dans l'expression *celles que tu m'as apportées*, le complément d'objet direct est ***que***, mis pour *celles* (féminin pluriel).
Dans l'expression *c'est Maria qui me **l'**a envoyé*, le complément d'objet direct est ***l'*** mis pour *le poème* (masculin singulier).

⇨ **Cahier, Orth. 2**

5. Ferme ton livre et écris de mémoire

6. Dictée

Baptiste a dit qu'il jouerait un air de flûte. Sylvie l'enregistrera pour faire entendre de la musique à ses élèves le jour de la rentrée.

p. 25

OUVERTURES

Dans le prolongement de la 1re partie de cette unité, le thème de la responsabilisation des jeunes et la notion de but constituent l'assise de cette 2e partie.

L'activité qui accompagne **Des Images et des Mots** peut être conduite indépendamment des autres activités de cette rubrique et des autres activités de l'unité, du moment qu'on connaît déjà l'expression du but.

Les deux autres groupes d'activités, **Conseillère municipale à 12 ans** et **Les petites annonces**, seront abordés à la fin de l'unité, mais dissociés l'un de l'autre (pas le même jour).

Texte 1 — Conseillère municipale à 12 ans

> ■ Dans certaines villes, en effet, on a créé des conseils municipaux d'enfants. Ceux-ci, bien sûr, n'ont pas le pouvoir de prendre des décisions ! En revanche, leurs propositions peuvent donner de bonnes idées aux élus. Et les enfants font ainsi l'apprentissage de la vie civique. ■

Ce texte présente le récit d'une jeune fille : ses motivations, son action, ses projets, ses buts.

Faire lire le texte silencieusement par les élèves.
On peut poser oralement quelques questions de compréhension.
Exemple : – *Combien y-a-t-il d'enfants dans le conseil municipal de la Roche-sur-Yon* ? (Il y en a 41).
– *Quelles sont les trois choses que ces enfants ont faites* ? (la création de la gazette, une lettre aux élus, une émission de radio).

On demande ensuite de répondre par écrit aux quatre questions posées dans le livre. On met les réponses en commun au fur et à mesure.
On sollicitera l'avis des élèves sur ce type de participation des jeunes à la vie sociale.

1. Le but personnel de Lucile S. est d'*"avoir plus de responsabilités, d'apprendre à travailler sérieusement, de connaître d'autres gens"*.
Son **programme** (ce qu'elle veut faire, ce qu'elle a l'intention de faire), c'est d'améliorer la vie dans la ville.
Les enfants ont écrit aux hommes politiques pour les intéresser à la création de la *Gazette du jeune citoyen*, pour leur dire que les jeunes voulaient partager des responsabilités avec les adultes.

2. Chercher d'abord dans le texte les souhaits de Lucile et en faire la liste : moins de déchets, plus de choses pour les handicapés, etc. On peut ensuite ajouter ses propres souhaits. Il faut moins de pollution : limiter l'usage des voitures, développer les transports en commun, créer des pistes cyclables (pour les bicyclettes), mettre plus de bancs pour les gens qui veulent se reposer ou voir le spectacle de la rue, créer plus de jardins, de parcs, (d'espaces verts), mettre des reproductions de tableaux sur les murs.

Il faut éviter de vider le centre des villes, de faire des quartiers de bureaux sans commerces ni salles de spectacles. Il ne faut pas supprimer les petits commerces au profit des grandes surfaces. Il ne faut pas couvrir les murs d'horribles publicités.

3. un élu
1. un conseiller, une conseillère
2. un conseil (l'ensemble des conseillers)
améliorer
travailler

4. Réponse ouverte
On observera la photographie qui accompagne le texte. Dans toutes les mairies, il y a un buste représentant la République. Ici, on s'est amusé à photographier une jeune à côté d'un buste de roi. C'est peut-être pour montrer l'évolution historique de la société française (jeune roi / jeune conseillère municipale).

➩ **Cahier 13**

Texte 2 — Petites annonces

Chacune de ces petites annonces parues dans la presse a un but précis : faire que les gens se connaissent, proposer des activités diverses et variées, etc.

On peut diviser la classe en quatre groupes. Chaque groupe lit une annonce et répond aux questions posées dans le tableau. On met ensuite les réponses en commun et on les écrit.

Pour mieux comprendre

Annonce 1

L'élève est amené à utiliser tous les outils à sa disposition pour se débrouiller seul face à un texte. Ici, par exemple, il s'agit de repérer les Antilles sur une carte ou sur un atlas.

Il s'agit aussi de découvrir des procédures pour approcher le sens d'un mot. Par exemple, *cosmopolite* peut être compris grâce à la paraphrase proposée, à l'étymologie et au contexte linguistique (les mots qui précèdent et qui suivent).

Tableau

1. *Culture, amitiés, progrès*, propose des loisirs et des activités culturelles ; accueille des Antillais et des personnes venant d'autres pays ; ne dit pas si elle est gratuite ou payante.

2. *Jeunes amis de la science*, propose des activités et des visites scientifiques et techniques ; accueille des jeunes à partir de 12 ans et 14 ans ; est payante (450 F).

3. *L'association Championnet*, propose un atelier-théâtre (un endroit où l'on peut apprendre à faire du théâtre, à jouer la comédie) ; accueille des jeunes de 6 à 17 ans ; est payante (1600 F par an).

4. L'association "*Club de sport 19e*", propose un accueil sportif (un ensemble d'activités sportives) ; est ouverte aux jeunes ; est gratuite.

À ton tour

Réponse ouverte. Chaque élève rédige une annonce dans son cahier de français.

➩ **Cahier 14, 15**

p. 27 Des Images et des Mots

Ce travail peut se placer à tout moment du déroulement de l'unité.

Sur le thème du soleil (emblème de ce cours !), on demande aux élèves de reconnaître des objets décoratifs qui illustrent un magazine féminin, de les désigner et d'en indiquer la fonction (le but, l'usage). On peut le faire oralement, en répartissant les différentes images entre les groupes d'élèves. L'exhaustivité n'est pas nécessaire !

image 2 : c'est un miroir ; ça (il) sert à (ça permet de) se regarder.

image 3 : c'est un plateau, ça (il) sert à poser et transporter de la vaisselle (verres, tasses, etc.) ou des repas.

image 4 : c'est une housse ; ça (elle) sert à envelopper un coussin.

image 5 : c'est une bougie qui peut flotter (par exemple, dans un vase de fleurs) ; ça (elle) sert à décorer.

image 6 : sachet de lavande : c'est un petit sac qui contient de la lavande ; ça (il) sert à parfumer le linge dans les armoires.

image 7 : c'est une lampe ; ça (elle) sert à éclairer.

image 8 : c'est un abat-jour ; ça (il) se met sur une lampe pour adoucir (tamiser) la lumière.

image 9 : c'est un petit coussin ; ça (il) sert à poser sa tête ou son dos et à décorer.

image 10 : c'est un cendrier ; ça (il) sert à mettre la cendre de cigarette.

image 11 : c'est une patère (un porte-manteau) qui permet de suspendre son manteau ou son chapeau.

image 12 : c'est un cadre, on y met une photo.

image 13 : ce sont des serviettes en papier, jetables. On les utilise à table ou en pique-nique, à la place de serviettes en tissu.

image 14 : c'est un coffret (une boîte) qui contient des gourmandises. C'est un cadeau pour les gourmands.

image 15 : c'est une housse qui enveloppe un oreiller, c'est à dire un coussin sur lequel on dort (sur lequel on met ses oreilles !).

image 16 : c'est un cendrier (voir 10) en matière précieuse, fragile. La porcelaine de Limoges est célèbre.

image 17 : c'est une cafetière. On y fait (verse) le café. Elle est en faïence, matière moins fragile que la porcelaine.

p. 29 Pour le plaisir

Le lac endormi de Jules Supervielle

Peu de difficultés de langue dans ce poème.

"nul ne le voit" : personne ne le voit.

"quelque clapotis" : *quelque* est plus vague que *un*. Le clapotis, c'est le bruit que fait l'eau en s'agitant.

"s'effaroucher" : avoir peur.

Ce poème est à dire comme une confidence, un secret que l'on a surpris. Il est composé de deux phrases, que l'on peut apprendre successivement, par audition, comme toujours. Il suffira de donner le sens des mots inconnus, et de s'aider du dessin (celui du livre, ou celui que l'on peut tracer rapidement au tableau). Il est important de se servir de la forme du sapin, dont le reflet horizontal évoque la forme d'une barque, "sans rames ni bras". Le secret surpris, c'est peut-être simplement un reflet : celui du sapin dans l'eau (cf. le titre), mais le verbe "*devient*", au présent, affirme que le sapin se métamorphose en barque. Arbre immobile, il se met à voyager la nuit... Ce que l'on entend au bord du lac vient comme une preuve. Le clapotis peut être celui de l'eau agitée par la barque, qui chasse l'eau (elle s'éloigne, comme prise de peur).

Il y aurait ainsi, la nuit, une mystérieuse vie de la nature, qui nous échappe...

■ **Jules Supervielle** (Montevideo, 1884 - Paris, 1960)

Né en Uruguay de parents français, très tôt orphelin, il fait ses études secondaires et sa licence de lettres à Paris. Il partage sa vie entre la France et l'Amérique du Sud où il vit en particulier pendant l'Occupation allemande. Son œuvre comprend des contes (*Premiers pas de l'Univers*, *L'Enfant de la haute mer*...), des romans (*Le jeune homme du dimanche et des autres jours*...), des pièces de théâtre (*Bolivar*, *Le voleur d'enfants*), des recueils de poèmes : *Gravitations* (1932), *Le forçat innocent* (1930), *Les Amis inconnus*, *La Fable du monde* (1938), *Poèmes de la France malheureuse* (1939-1945). ■

Encore la lune de Philippe Soupault

"Encore" : *à nouveau*. *Encore* s'explique peut-être par le fait que la lune a inspiré beaucoup de poèmes.

On peut faire précéder l'étude de ce poème par quelques brefs rappels, sous forme d'associations : le soleil évoque (tout au moins dans notre culture) le Jour et le Sud (la chaleur) ; la lune évoque la Nuit et le Nord (le froid). La lune tourne autour de la terre et reçoit sa lumière du soleil...

Mais mieux vaut peut-être dire immédiatement le poème, et faire remarquer que les quatre éléments y sont présents : l'eau, l'air, le feu et la terre. La lune les résume.

Pour aider, on peut rétablir le verbe sous-entendu : *toi qui es claire, toi qui es bleue, toi qui es le visage.*

■ **Philippe Soupault** (1897-1990)

Philippe Soupault découvre Lautréamont, puis Guillaume Apollinaire, Pierre Reverdy, André Breton. Il collabore à la revue *Littératures*, puis se livre avec Breton à la première expérience d'écriture automatique : *Les champs magnétiques* (1919). Mais, dès 1923, il prend ses distances avec le mouvement surréaliste et voyage à travers le monde. Il devient journaliste, directeur de revues, romancier, auteur d'émissions radiophoniques... mais il est avant tout poète. Ses *Poèmes et poésies* ont été réunis en 1974. ■

Proverbe

Quand on a fait une expérience négative, quand on a subi un échec, cela rend craintif et méfiant.

Le Petit Prince de A. de Saint-Exupéry

Sans faire d'exploitation pédagogique systématique, on répondra aux éventuelles demandes d'explications des élèves. On peut aussi leur lire un autre passage du livre ou leur raconter l'histoire. On peut également faire jouer les deux scènes.

Culture et civilisation

Par monts et par vaux

"*Par monts et par vaux*" ("vaux", pluriel de *val, vallée*) : expression figée, qui signifie par les monts et par les plaines. Aller par monts et par vaux, c'est faire un long voyage, en traversant tout le pays.

1. On peut opposer la photo 2 et la photo 9 : les Alpes, et le Puy de Dôme, en Auvergne.

Sur la **photo 2** : des montagnes jeunes, de l'ère tertiaire, très découpées, avec de hauts sommets et des neiges éternelles (le Mont Blanc culmine à 4 807 mètres). Dans la vallée, le village aux toits d'ardoise ; au-dessus, la végétation s'étage : la forêt, les alpages, puis la roche.

Sur la **photo 9** : des montagnes vieilles, de l'ère primaire , dans le Massif Central. Elles sont peu élevées, ont des formes adoucies. On y trouve des volcans éteints. Le "Puy de Dôme" désigne un département, qui englobe une grande partie de l'Auvergne, mais c'est aussi un des sommets les plus élevés (1 465 mètres).

2. Photo 1, photo 8 et photo 4

La **photo 1** montre les vendanges en Bourgogne (cf. SOLEIL 2, Culture et civilisation, p. 60) : des collines, un paysage verdoyant.

Sur la **photo 8**, on voit des collines, un paysage boisé au bord du Lot, des prés, et de l'élevage. Ces deux régions fertiles s'opposent au Causse, **photo 4** : c'est un vaste plateau calcaire, au sud du Massif Central ; l'eau s'infiltre dans le sol : il y a peu de végétation, on y élève des moutons.

3. Photo 5 et photo 7

La **photo 5** montre la plaine de la Beauce, un paysage plat, ouvert, où l'on pratique la culture du blé. La plaine est traversée par une autoroute. Les habitations sont groupées en gros villages. Au contraire, la **photo 7** montre le bocage normand : des champs entourés d'arbres ou de haies, des habitations dispersées.

4. Photo 3 et photo 6

Ce sont deux photos de la côte atlantique : la côte landaise (**photo 3**), la côte bretonne (**photo 6**). La première est une côte plate, bordée de dunes de sable, très mobiles, que l'on fixe par la végétation (des oyats). La seconde est une côte rocheuse, granitique, très découpée.

On situera toutes les régions évoquées par ces photos sur la carte physique de la France, en 2e page de couverture. On se reportera aussi à SOLEIL 2, p. 92, pour les cultures dans ces différentes régions. Voir aussi le climat, SOLEIL 2, p. 38.

Après avoir fait observer ces photographies, on demandera aux élèves une conclusion. On constate que sur un territoire relativement petit (550 000 km^2 environ), la France présente des paysages variés et fortement contrastés.

Le 7e art

Les photos 11 et 12, page 34, montrent la façade d'un cinéma, à Paris.

Sur la **photo 11**, il s'agit de l'Olympia, en 1930. La façade est décorée de motifs géométriques en fer forgé, dans le style de cette époque. On aperçoit un groupe de personnes qui font peut-être la queue, en particulier des hommes en chapeau. Les voitures stationnent en double file, ce qui paraît surprenant aujourd'hui ! On peut lire le titre du film affiché : *La piste de* 98, avec l'actrice mexicaine Dolorès del Rio. Ce film, du réalisateur américain Clarence Brown, sorti en 1929, évoquait la ruée vers l'or en Alaska.

Depuis, l'Olympia est devenu une salle de music-hall. Il a failli disparaître au cours d'une opération immobilière, mais il a été décidé de le reconstruire à l'identique.

La **photo 12** montre un cinéma d'aujourd'hui, avec une queue de spectateurs. La façade est plus banale. Sept films sont à l'affiche. Les spectateurs ont un choix plus grand, et les salles sont sans doute plus petites.

La **photo 13** montre le tournage d'un film : autour des acteurs assis, on distingue un preneur de son, peut-être une script-girl, et différents accessoires.

⇨ **Cahier, p. 14 et 15**

À propos du cinéma...

Jean-Paul Sartre, ***Les Mots***, Gallimard, 1964, pp. 97-100

Les jours de pluie, Anne-Marie me demandait ce que je souhaitais faire, nous hésitions longuement entre le cirque, le Châtelet, la Maison Électrique et le Musée Grévin ; au dernier moment, avec une négligence calculée, nous décidions d'entrer dans une salle de projection. Mon grand-père paraissait à la porte de son bureau quand nous ouvrions celle de l'appartement ; il demandait : "Où allez-vous, les enfants ?" – "Au cinéma", disait ma mère. Il fronçait les sourcils et elle ajoutait très vite : "Au cinéma du Panthéon, c'est tout à côté, il n'y a que la rue Soufflot à traverser." Il nous laissait partir en haussant les épaules ; il dirait le jeudi suivant à M. Simonnot : "Voyons, Simonnot, vous qui êtes un homme sérieux, comprenez-vous ça ? Ma fille mène mon petit-fils au cinéma !" et M. Simonnot dirait d'une voix conciliante : "Je n'y ai jamais été mais ma femme y va quelquefois."

(...)

Ma mère s'enhardit jusqu'à me conduire dans les salles du Boulevard : au Kinérama, aux Folies Dramatiques, au Vaudeville, au Gaumont Palace qu'on nommait alors l'Hippodrome. Je vis *Zigomar* et *Fantômas*, *Les Exploits de Maciste*, *Les Mystères de New York* : les dorures me gâchaient le plaisir. Le Vaudeville, théâtre désaffecté, ne voulait pas abdiquer son ancienne grandeur : jusqu'à la dernière minute un rideau rouge à glands d'or masquait l'écran ; on frappait trois coups pour annoncer le commencement de la représentation, l'orchestre jouait une ouverture, le rideau se levait, les lampes s'éteignaient. J'étais agacé par ce cérémonial incongru, par ces pompes poussiéreuses qui n'avaient d'autre résultat que d'éloigner les personnages ; au balcon, au poulailler, frappés par le lustre, par les peintures du plafond, nos pères ne pouvaient ni ne voulaient croire que le théâtre leur appartenait : ils y étaient reçus. Moi, je voulais voir le film *au plus près*. Dans l'inconfort égalitaire des salles de quartier, j'avais appris que ce nouvel art était à moi, comme à tous. Nous étions du même âge mental : j'avais sept ans et je savais lire, il en avait douze et ne savait pas parler. On disait qu'il était à ses débuts, qu'il avait des progrès à faire ; je pensais que nous grandirions ensemble. Je n'ai pas oublié notre enfance commune : quand on m'offre un bonbon anglais, quand une femme, près de moi, vernit ses ongles, quand je respire, dans les cabinets d'un hôtel provincial, une certaine odeur de désinfectant, quand, dans un train de nuit, je regarde au plafond la veilleuse violette, je retrouve dans mes yeux, dans mes narines, sur ma langue les lumières et les parfums de ces salles disparues ; il y a quatre ans, au large des grottes de Fingal[1], par gros temps, j'entendais un piano dans le vent.

1. *Les grottes de Fingal* est le titre d'un film muet, accompagné au piano pendant la séance, selon la coutume de l'époque.

Quand la vidéo fait son cinéma !

À Paris, les jeunes amateurs de cinéma qui fréquentent les salles obscures peuvent également passer de l'autre côté de la caméra. Il suffit de pousser la porte de l'un des 9 centres d'animation qui ont inscrit la vidéo à leur programme. Coup de zoom sur Villiot (12e), entièrement acquis au 7e art !

Paris Le Journal, n° 49, 15 janvier 1995.

Cinémathèque Robert Lynen

La Cinémathèque scolaire Robert Lynen a pour vocation de faire découvrir aux jeunes Parisiens le monde du 7e Art et de leur permettre d'acquérir une culture cinématographique.

Établie depuis 1947 rue Jacques-Bingen (17e), la Cinémathèque Robert Lynen prête gratuitement aux écoles, collèges, lycées, universités et aux différents intervenants de l'action éducative et culturelle, les quelque 2 000 titres constituant son fonds. D'autre part, à travers son Ciné-club, elle offre au grand public la possibilité de voir ou revoir tous les grands classiques.

Paris Le Journal, n° 49, 15 janvier 1995.

Les cent ans du cinéma

En 1995, quarante réalisateurs du monde entier ont accepté de tourner un court métrage de 52 secondes en utilisant la caméra des Frères Lumière. Le montage de ces quarante courts métrages a créé le film *Lumière et compagnie*, dont la directrice artistique est Anne Andreu.

Quelques films récents

- *C'est arrivé près de chez vous*, belge, 1992, de Rémy Belvaux, André Bonzel et Benoît Poelvoorde.
- *Anna*, franco-russe, 1994, de Nikita Mikhalkov.
- *Cyclo*, franco-vietnamien, 1995, de Tran Anh Hung.
- *Douce France*, français, 1995, de Malik Chibane.
- *Grand Nord*, européen, 1995, de Nils Gaup.
- *Le Hussard sur le toit*, français, 1995, de Jean-Paul Rappeneau.
- *Madame Butterfly*, français, 1995, de Frédéric Mitterrand.

UNITÉ 2

L'objectif de cette unité est essentiellement le déroulement de l'action dans le temps, à l'occasion d'un spectacle que les jeunes ont organisé.

Suggestion de parcours

	Dialogues	Activités	Grammaire	Cahier
1re étape	D1	A1		
			G4.2	
		A2	G3	
		A3		C1,2
	D2	A4		C5,8
2e étape		A5, 6, 7, 8, 13	G4.1	C4
		A9, 10	G2	C5, 7, 8
		A11, 12		
3e étape	D3	A14		C10,6
		A15	G1	C12
			Orthographe	
4e étape	Ouvertures			C p. 22
5e étape	Culture et civilisation			C p. 25, 1 et 2
	Pour le plaisir			

p. 36 Dialogue 1 — Le spectacle va commencer

Salle de spectacle. Sur la scène, un piano ouvert. Martine fait signe de se taire. On entend un flûtiste qui s'entraîne. Deux jeunes, derrière une caméra, se préparent à filmer le spectacle et la salle.

Martine : – Mesdames, Mesdemoiselles, Messieurs, **nous** sommes heureux de vous voir si nombreux pour le premier spectacle de notre association. Je vais vous présenter notre **programme** en quelques mots.

D'abord, vous entendrez un duo de flûte et piano. Le flûtiste s'appelle Baptiste Brémond. Il fait partie de « Tous ensemble ».

La pianiste est une élève du **conservatoire** de notre ville. Elle s'appelle Sophie Besse. Elle a douze ans. Ils vont vous jouer une superbe sonate de Bach.

Ensuite, vous verrez un film tourné par des jeunes. Ils étaient partis en bateau pour voir et filmer les oiseaux et les hippopotames au large de l'archipel des Bigajos. **Comme vous le savez**, cet archipel est en Afrique.

Enfin, après l'entracte et le buffet, vous entendrez **des conteurs**, très connus chez eux, **l'un** venant du Québec, **l'autre** de Bretagne.

Mesdames et Messieurs, notre spectacle **est sur le point de commencer**. Je vous souhaite à tous une excellente soirée.

(*Applaudissements.*)

Faire observer le dessin avant d'écouter le dialogue. Cela permet d'identifier et de nommer : **les spectateurs, la scène, le piano, la caméra** (avec le cadreur et le preneur de son), Martine que l'on reconnaît, et les deux autres personnages.

Après avoir écouté le dialogue, faire remarquer la façon particulière dont parle Martine : elle parle plus fort et plus lentement que d'habitude. Elle est sur la scène et s'adresse à l'ensemble des spectateurs. Cela permettra de remarquer aussi qu'elle dit "*nous*" et non pas "*je*" et qu'elle s'exprime de façon soutenue.

"*Programme*" est connu depuis l'unité précédente, mais il s'agissait de programme électoral. Ici, on peut facilement reconstituer collectivement celui de la fête.

Les temps employés sont aussi en partie connus : les élèves reconnaîtront le futur et le futur proche.

"*Le conservatoire*" : école de musique (cf. Culture et civilisation, p. 61).

"*Comme vous le savez*" permet d'établir une complicité avec l'interlocuteur (cf. G. 4.2).

"*... des conteurs... l'un..., l'autre...*" *le premier, le second.*

"*... est sur le point de commencer*" : *va commencer dans quelques instants.*

1. Peux-tu répondre ?

Les musiciens sont jeunes. La pianiste a 12 ans. On ne sait pas l'âge du flûtiste. L'un joue de la flûte, l'autre du piano.

Le film a été tourné dans l'archipel des Bigajos, en Afrique.

Après l'entracte, on entendra des conteurs, l'un venant de Bretagne, l'autre du Québec.

2. Mon dictionnaire

D'abord, ensuite, enfin ⇒ G3

Les mots qui annoncent les trois parties du programme sont bien détachés sur la cassette. On peut donc facilement les repérer et les répéter, avant de les écrire au tableau : *d'abord, ensuite, enfin*.

D'abord : premièrement. On dit aussi *tout d'abord.*

Ensuite : deuxièmement.

Enfin : pour finir, pour terminer. Le verbe *finir* est connu. Rapprocher de *fin, la fin du spectacle.*

3. Complète

Être sur le point de + infinitif

1. j'étais sur le point de m'endormir.
2. il est sur le point de partir pour Mexico.
3. sont sur le point de lui acheter (offrir) un piano.
4. il est sur le point d'en faire partie, d'adhérer.
5. il est sur le point de déménager.

⇨ **Cahier 1,2**

p. 38

Dialogue 2 — Le concert

Sophie et Baptiste entrent en scène. Ils saluent. Ils sont applaudis.
Dès les premiers accords, on entend un bruit étrange venant du piano. La pianiste s'arrête et se lève. Le rideau tombe.

Un spectateur : – **Que s'est-il passé ?**
Une spectatrice : – **Elle a dû voir** quelque chose de **bizarre** : elle s'est levée **d'un seul coup !**
Un spectateur : – **Elle a peut-être eu un trou de mémoire**...
Une spectatrice : – Mais non, elle avait sa partition sous les yeux ! Et puis, il y avait **un drôle de bruit** dans le piano, on n'entendait pas bien le début de la sonate...
(*Le rideau se lève. Baptiste tient un chat dans ses bras. Tout le monde rit.*)
Baptiste : – Voici le troisième **soliste** ! Il était dans le piano. C'est le chat de **la gardienne**. Elle **avait laissé** la porte de sa **loge** ouverte.
Sophie : – Et **il était venu** se cacher dans le piano. **On vient de l'y trouver**. Monsieur Minet vous présente toutes ses excuses !

Il ne faut pas interpréter ce dialogue de façon réaliste : le chat couché dans le piano ne provoquerait sans doute aucun bruit, mais empêcherait de jouer ! L'incident permet de créer la surprise et d'introduire "*elle a dû voir*" (supposition) au lieu de *elle a vu*.

"*Que s'est-il passé ?*" : *qu'est-ce qui s'est passé ? Qu'est-il arrivé ?*

"*bizarre*" est connu. Remarquer la construction *quelque chose de* + adjectif.

"*Elle a peut-être eu un trou de mémoire*" : *elle a peut-être oublié sa partition, ce qu'elle devait jouer.*

"*un drôle de bruit*" : *un bruit insolite (connu), étrange*. *Drôle* dans le sens de *comique* est déjà connu.

"*... d'un seul coup*" : *brusquement, très vite.*

un(e) "*soliste*" : (rapprocher de *solo, un solo*) : celui qui joue seul.

"*... la gardienne*" : aujourd'hui, ce mot a remplacé celui de concierge. La *loge* (loger, logement) est la pièce où elle se tient habituellement.

La 2e partie du dialogue provoque la surprise et donne l'explication de l'incident. Le chat était dans le piano : imparfait de l'indicatif. Les événements antérieurs ("*elle avait laissé la porte ouverte, il était venu se cacher*") sont exprimés au **plus-que-parfait** (cf. grammaire 2.2, p. 46).

"*On vient de l'y trouver*" : *on l'a trouvé dans le piano il y a un instant*. On peut dès à présent, et avant même de faire la grammaire 1, rapprocher *on vient de* + infinitif de *être sur le point de* + infinitif (dialogue 1).

Ce dialogue permet de récapituler le lexique du spectacle :
– *spectateur, scène, rideau,*
– *piano, soliste, partition.*

Faire aussi remarquer les groupes nominaux du type :
(déterminant + nom) + préposition – (déterminant + nom) :

le début	*de*	*la sonate*
le chat	*de*	*la gardienne*
la porte	*de*	*sa loge*

un trou de mémoire (un oubli) est presque une expression figée (des trous de mémoire).

4. Peux-tu répondre ?

Non, la pianiste n'a pas eu de trou de mémoire. Elle ne pouvait pas jouer.
C'est le chat qui était dans le piano.
C'était le chat de la gardienne.
Il venait de la loge dont la porte était restée ouverte.

5. Rythme et intonation

Faire une supposition (doute) : *elle a dû voir* ⇨ **G4.1**

6. Mon dictionnaire

Faire une supposition : *elle a dû voir* ⇨ **G4.1**

Elle a peut-être vu…

7. À ton tour

Faire une supposition ⇨ **G4.1**

Exemples :
Elle a peut-être vu un homme avec un revolver dans les coulisses .
Elle a dû penser à quelque chose de si triste qu'elle n'a pas pu continuer.

8. Entre vous

Faire une supposition ⇨ **G4.1**

1. Il est peut-être malade. Il a peut-être eu un accident. Il a dû avoir une panne de voiture.
2. Elle est peut-être perdue. Elle a dû se perdre.

3. Il a dû oublier. Il n'a peut-être pas eu le temps de téléphoner.
4. On a dû les appeler sur le champ, dès le début de l'incendie.
5. Je l'ai peut-être oublié dans l'autobus. On l'a peut-être volé.

⇨ **Cahier 4**

9. Jeu fléché

Le plus-que-parfait

⇨ **G2**

Je ne pouvais pas bouger parce que je m'étais cassé la jambe.
Personne ne comprenait pourquoi la pianiste s'était arrêtée de jouer.
On a retrouvé le sac qu'il avait oublié au cinéma.
J'ai rapporté la poupée qu'on avait gagnée à la foire.
On a regardé les photos qu'il avait prises pendant son voyage en Grèce.

10. À ton tour

Le plus-que-parfait

⇨ **G2**

1. il avait bien travaillé.
2. parce qu'on avait oublié d'en acheter.
3. parce qu'il avait fini son travail.
4. elle avait répété toute la semaine.
5. avait apportées.
6. parce qu'on n'avait pas composté les billets, les billets n'avaient pas été compostés.

⇨ **Cahier 5, 7, 8**

11. Entre vous : Jeu sur la langue

Rappeler quelqu'un à l'ordre (le plus-que-parfait)

1. Vous m'aviez permis d'aller dormir chez Stéphanie !
2. Vous nous aviez promis d'organiser un match de basket avec le collège Saint-Exupéry.
3. Tu devais m'apporter ta collection de timbres. Tu avais dit que tu m'apporterais...
4. Je devais aller camper avec mes camarades. Vous m'aviez promis que je pourrais aller camper avec mes camarades.

RELAXATION

Insister particulièrement sur la détente des épaules, souvent contractées.
On peut aussi faire faire des "haussements" d'épaule, très efficaces pour détendre. Par exemple, une épaule complètement soulevée vers l'oreille, la maintenir, puis la relâcher brusquement avec un soupir. Ou les deux épaules à la fois.

Pour détendre le cou : ce mouvement est souvent le meilleur moyen de lâcher les tensions. Exemple : pencher la tête en avant, expiration (étirement de la nuque) ; la tête en arrière, inspiration (étirement du cou et de la gorge).
On peut aussi faire un grand cercle avec la tête. Le menton va loin dans chaque direction, en bas, à droite, en arrière, à gauche, puis en changeant de sens.

12. Rythme et intonation

Rappeler quelqu'un à l'ordre

13. Entre vous : Jeu de rôles

Faire une supposition

p. 42

Dialogue 3

Deux jours plus tard

Isabelle, Vincent et Lise se retrouvent pour rédiger le compte rendu de la fête qui paraîtra dans le ***bulletin*** *de l'association « Tous ensemble ».*

Vincent : – Alors, **par quoi on commence ?**

Isabelle – **Moi, je trouve** qu'**on pourrait commencer... par le commencement !** On rappelle le programme : **premièrement**, le concert, **deuxièmement**, le film, **troisièmement**, **taratata**.

Lise : – Oh ! ça va être **ennuyeux comme la pluie ! Moi, je crois** plutôt qu'on devrait raconter l'histoire du chat parce que c'est marrant et puis choisir...

Vincent (*lui coupant la parole*) – **Oui c'est ça !** Par exemple, **moi j'ai surtout aimé** le film sur les oiseaux. Il était super !

Lise : – **Oui, ça c'est bien vrai !** Isabelle, c'est toi qui écris parce que **tu écris bien et puis tu as une bonne orthographe.**

Isabelle : – **En somme**, je suis **la secrétaire de séance** !

Lise : – Allez, on commence « *Dimanche dernier, virgule, 15 octobre, virgule,* ***a eu lieu*** *la fête de l'association "Tous ensemble", virgule, dans la salle des fêtes de la mairie, point* ».

Isabelle : – Attends, tu vas trop vite !

Lise : – Tu veux que je répète ?

Isabelle : – Non non, ça va.

Lise : – « ***Pour commencer, on a entendu un célèbre trio : une pianiste, un flûtiste et... (points de suspension) un chat !*** »

Vincent : – **Chapeau ! Ça démarre bien !**

Lise : – Etc. etc. On raconte ce qui s'est passé. « ***Ensuite****, on a pu voir un superbe film tourné en Afrique* ».

Vincent : – Si vous voulez, **je me charge de cette partie**, je l'écrirai chez moi ce soir.

Isabelle : – Et moi, **je veux bien écrire quelque chose sur les conteurs**.

Lise et Vincent : – Super !

Isabelle : – **Je vous fais remarquer qu'on suit** exactement l'ordre **que j'avais proposé !**

(*Tout le monde rit.*)

Lise : – **Demain, on relit tout** et j'irai taper l'article sur l'ordinateur de Madame Gervais. Elle vient de passer et elle me l'a proposé. Ouf !

Isabelle : – Dites donc, il ne faut pas oublier de parler du film. On va voir ça avec Laurent et Martine.

Dans ce dialogue, on retrouve Lise, personnage de l'unité 1, et deux nouveaux venus : Vincent et Isabelle.

La fête est finie, il s'agit de rédiger le compte rendu qui paraîtra dans le bulletin de l'association *Tous ensemble*.

Un "*bulletin*" est plus modeste qu'un journal ou qu'un magazine. C'est une feuille d'information, diffusée en petite quantité, et fabriquée avec peu de moyens. Ici ce sont les jeunes qui rédigent l'article qui sera tapé sur l'ordinateur appartenant à un autre membre de l'association. On voit aussi que les jeunes participent à toutes les activités de l'association : l'organisation, la fête elle-même, la réalisation du bulletin, au même titre que des adultes.

Ce dialogue initie les élèves au travail de rédaction : comment rédige-t-on à plusieurs ?

On y trouve la discussion sur le plan à suivre : "*par quoi on commence* ?" avec la réponse humoristique "*on pourrait commencer... par le commencement* !". Ce commencement, c'est le premier numéro du programme. Autrement dit, Isabelle propose de suivre l'ordre chronologique (1°, 2°, 3°). "*Taratata*" (familier) évite de répéter quelque chose d'inutile.

La proposition de Lise est au contraire de choisir les moments les plus intéressants pour les raconter. L'ordre chronologique lui paraît "*ennuyeux comme la pluie*", c'est à dire *très ennuyeux*. On dirait aussi *très plat*.

Cela va déterminer la répartition des tâches. On peut penser que Lise va raconter l'incident du chat qui l'a amusée. Vincent va évoquer le film : "*je me charge de cette partie*", et Isabelle les conteurs : "*je veux bien écrire quelque chose sur les conteurs*".

Mais il ne s'agit pas seulement de rédiger l'article ("*raconter, écrire, se charger d'une partie*"). On répartit aussi les tâches matérielles. Isabelle est chargée d'écrire le début de l'article sous la dictée ("*tu écris bien et tu as une bonne orthographe*"). Elle fait fonction de "*secrétaire de séance*", ce qui ne lui plaît pas trop, ce qui ne semble pas trop lui plaire.

"*En somme*" permet de résumer une situation. On dit aussi *somme toute*.

Tout le monde relira : "*Demain, on relit tout*" (présent à valeur de futur), Lise dactylographiera sur l'ordinateur de Madame Gervais.

On fera remarquer les expressions qui, dans le vif du dialogue, expriment sentiments et opinions : "*moi, je trouve* ; *moi, je crois* ; *moi, j'ai surtout aimé* ; *oui, c'est ça* ! Oui, *ça c'est bien vrai* !"

Par contraste, le texte de l'article dicté à Isabelle a la forme conventionnelle du compte rendu : il énumère les circonstances de la fête (date, lieu, objet...). On y trouve des formules impersonnelles : "*a eu lieu, on a entendu*" (**on** désigne l'ensemble des spectateurs). Toutefois, le caractère conventionnel est brisé par la plaisanterie : "*un célèbre trio* : *une pianiste, un flûtiste... et un chat* !". Remarquer qu'à l'oral, pour évoquer le déroulement du spectacle, Isabelle dit : "*premièrement, deuxièmement, troisièmement...*" À l'écrit, l'ordre est exprimé par "*Pour commencer* (*d'abord*), *ensuite*", déjà rencontrés dans le dialogue 1.

Les commentaires (positifs) sont familiers : "*chapeau* !" : *bravo* ! ; "*ça démarre bien*" : *ça commence bien* (*démarrer* s'emploie pour une voiture).

La dernière remarque d'Isabelle est également ironique, puisque finalement Lise a suivi l'ordre qu'elle avait proposé au départ. "*Je vous fais remarquer*" est une façon de rappeler quelqu'un à l'ordre. Noter l'emploi du plus-que-parfait pour marquer l'antériorité ("*que j'avais proposé*") par rapport au présent ("*on suit*").

Le film dont il est question dans la dernière réplique n'est pas celui qui a été projeté au cours de la fête, mais celui que les jeunes présents dans la salle (cf. l'illustration du dialogue) sont en train de réaliser.

14. Des mots, des mots, des mots

1. Le spectacle en général : *un spectacle, un programme, une soirée.*

Le concert : *un duo de flûte et piano, un flûtiste, une pianiste, un trio, un(e) soliste ;*
un conservatoire
une sonate, une partition

Le cinéma : *un film, filmer, tourner*

Le conte : *un conteur*

➩ Cahier 10

2. Exemple :

Je fais cet exercice aujourd'hui, mardi 12 décembre.
Hier, on (c') était (le) lundi 11 décembre, avant-hier, (le) dimanche 10 décembre.
Demain on (ce) sera (le) mercredi 13 décembre, après-demain, (le) jeudi 14 décembre.
On peut dire aussi : *Demain sera le mercredi 13 décembre...*

3. *Premièrement, vous entendrez, il y aura un concert.*
Deuxièmement, vous verrez un film, on projettera un film.
Troisièmement, vous entendrez, vous écouterez des conteurs, l'un breton, l'autre québécois.

➩ Cahier 6

15. Expression écrite

1. Exprimer ses sentiments

➩ G1

1. Verbes au passé composé : *j'ai eu peur, j'ai commencé, j'ai entendu*
Verbes à l'imparfait : *j'étais, j'avais, je tremblais, c'était*

2. Expression de l'émotion : *j'ai eu bien peur, j'avais le trac, je tremblais.*

Exemple : Catastrophe ! Je ne pouvais plus jouer ! Baptiste s'est arrêté aussi Nous ne comprenions pas ce qui arrivait. J'avais envie de disparaître dans un trou de souris. On a baissé le rideau. Alors nous avons vu le chat de la gardienne sortir du piano, affolé ! J'étais soulagée. Après la peur, le rire ! On a levé le rideau, et nous avons montré le chat aux spectateurs, qui riaient aussi. "Voici le nouveau soliste", a dit Baptiste !

– Expression de la déception : *Quel dommage ! J'étais si heureux (heureuse), et maintenant je suis bien triste.*

– Expression de la curiosité : *Tiens, comme c'est bizarre ! Je me demande où il est passé... Je voudrais bien savoir où il est passé...*

– Expression du soulagement : *Ouf ! Elle est partie ! Elle est ennuyeuse comme la pluie !*

2. La fête en vidéo-cassette

Exemple :
"Le chat soliste sur la scène, les musiciens dans une sonate de Bach, les spectateurs gourmands au buffet, les sympathiques conteurs...

Grâce au film réalisé par Martine Marin et Laurent Bernac, deux jeunes de l'association, vous pourrez revoir les meilleurs moments de la fête. Ces deux jeunes ont fait eux-mêmes le tournage du film, l'un comme cadreur, l'autre comme preneur de son, et ils ont aidé au montage. La projection aura lieu au siège de l'Association, vendredi prochain, 18 novembre, à 20 heures".

⇨ **Cahier 12**

p. 46

GRAMMAIRE ET USAGE

1. *être sur le point de, être en train de, venir de*

Ces expressions permettent de décrire le déroulement de l'action : une action qui n'a pas encore commencé, qui est sur le point de s'accomplir, qui est en train de s'accomplir, qui est terminée. *Être en train de* a déjà été vu dans SOLEIL 2 (unité 6 et mémento 5/6).

L'avion va atterrir ; il est sur le point d'atterrir ; il est en train d'atterrir ; il vient d'atterrir ; il a atterri. Il va partir ; il est sur le point de partir ; il est en train de partir ; il vient de partir ; il est parti.

2. L'antériorité : le plus-que-parfait

L'antériorité exprime le fait qu'une action a eu lieu avant une autre : en 2.1, le passé composé renvoie à une action qui a eu lieu avant le moment (présent) où l'on parle. En 2.2 et 2.3, le plus-que-parfait renvoie à une action qui a eu lieu avant le moment du passé auquel on se situe. Cela peut se faire avec l'imparfait (2.2), ou le passé composé (2.3).

En **2.1**, verbes au présent : *est, suis* ; verbes au passé composé : *a mangé, ai travaillé.*

En **2.2**, *j'étais* est à l'imparfait, *j'avais beaucoup travaillé* est au plus-que-parfait.

2.3 À la phrase 1, correspond l'image 3. À la phrase 2, correspond l'image 2. À la phrase 3, correspond l'image 1.

1. *On a retrouvé un petit garçon dans la forêt.*
2. *Il est (était) sorti du jardin.*
3. *La porte du jardin était mal fermée (on avait mal fermé la porte du jardin).*

⇨ **Cahier 8**

2.4 Le participe passé a été abordé dans SOLEIL 2, au mémento 3/4 (p. 121) et dans l'orthographe de l'unité 5 (p. 144). La conjugaison du plus-que-parfait ne doit pas poser de problème, à condition bien sûr que les participes passés des verbes irréguliers soient appris.

3. *D'abord, ensuite, enfin*

Martine utilise le futur après ces adverbes.

D'abord, on a entendu deux solistes et un chat, ensuite, on a vu un film tourné en Afrique, enfin, on a entendu des conteurs venant du Québec et de Bretagne.

4. Usages

4.1 On pourra s'appuyer sur le dialogue 2 et demander aux élèves d'imaginer d'autres suppositions que celles faites par les spectateurs. Par exemple : *une corde du piano a dû se casser ; la pianiste a peut-être eu peur ; je suppose qu'elle avait (a eu) une bonne raison pour s'arrêter…*

4.2 Il s'agit ici de citer quelque chose ou de parler de quelque chose en faisant comme si l'interlocuteur savait de quoi on parle. C'est une façon d'entraîner son adhésion.

p. 49 ORTHOGRAPHE

1. Écoute et regarde

C'est le suffixe **iste**, ajouté au nom de l'instrument, qui permet de former le nom du musicien. Cela entraîne une modification de la voyelle finale. La voyelle finale (|ɛ̃| et |ɔ̃|) de clavecin et de violon est dénasalisée. La voyelle finale de piano et le |ə| sourd de flûte et de trompette disparaissent.

5. Dictée

Laurent et moi, nous rédigeons un article pour le bulletin de l'association les Amis du cinéma. Nous parlerons du film tourné par les élèves du collège.

p. 50 OUVERTURES

■ Ce chapitre est une approche d'un genre : **le conte**, qui est avant tout oral. Les conteurs sont beaucoup moins nombreux aujourd'hui, mais il en existe cependant toujours et on peut même dire que c'est un genre qui revient à la mode (cf. unité 1) : on relance les séances de contes, surtout pour les enfants. Dans certaines bibliothèques, "l'heure du conte" est en même temps une incitation à lire.

Chaque région a ses contes, inspirés par la nature environnante, par les conditions de vie d'autrefois, et par d'anciennes légendes. C'est pourquoi beaucoup de contes bretons sont des contes de la mer et beaucoup de contes canadiens se déroulent dans la neige…

La caractéristique principale du conte est le **merveilleux**. ■

Le conte breton : Le capitaine au masque rouge

C'est cette caractéristique que la question n° 2 veut faire découvrir. On se sert pour cela de la comparaison avec le texte d'ouverture de l'unité 1, "*Conseillère municipale à 12 ans*", qui évoque un fait réel, vrai. Une histoire **réaliste** peut être vraie. Elle peut aussi être inventée, mais elle donne l'illusion d'être vraie. Elle pourrait arriver dans la vie réelle (par exemple, les romans réalistes du XIXe siècle comme ceux d'Émile Zola).

L'homme au masque rouge, comme les fées, les ogres, ou les revenants, est un personnage **merveilleux**, de ceux qui peuplent les contes. Dans la suite du conte, les habitants de l'Ile d'Houat suggèrent que ce mystérieux capitaine est peut-être le diable. On pourra bien entendu demander aux élèves de comparer ce récit avec des œuvres dans leur langue maternelle : contes, oraux ou écrits, romans, nouvelles…

Approche du texte

Faire écouter à la classe le texte enregistré, une ou plusieurs fois.

A. Travail individuel systématique : chaque élève lit silencieusement le texte, ensuite repère ce qu'il connaît déjà et ce qu'il ignore. Il note dans son cahier de français les expressions qu'il ne comprend pas et cherche les moyens de les éclairer. Exemple : "*Le capitaine au masque rouge*" : *masque* est connu depuis SOLEIL 1, unité 6, dialogue 3. "*Cargaison*" est expliqué par le contexte, au début du 2e paragraphe. "*au complet*" : complète, compléter, complément, sont connus.

B. Mise en commun collective : à l'aide des découvertes de chacun, on élucide les difficultés. Relecture du texte, à haute voix, par un ou deux élèves. On peut alors essayer de raconter l'histoire oralement, de mémoire, ou de la résumer.

On peut ensuite traiter les questions 1, 2, 3.

Question n°1.

– 1re démarche : chaque élève invente une suite par écrit, et la lit ensuite à la classe.

– 2e démarche : les élèves préparent une suite en petits groupes. Chaque groupe raconte (ou lit) cette fin à la classe. On choisit la meilleure. Elle est ré-écrite au tableau avec l'aide du professeur.

Voici le résumé de la suite de ce conte.

> Chaque année, désormais, les habitants de l'île d'Houat déposèrent la vaisselle d'argent devant leur porte pour que le capitaine au masque rouge puisse venir faire son compte.
>
> Le temps passa. Les habitants devinrent d'honnêtes pêcheurs. Parmi eux, il y avait des riches et des pauvres.
>
> L'un des plus pauvres était le jeune Yvon Le Guern. Son père était mort noyé. Il ne lui restait qu'une petite cuillère en argent, qui venait du trésor du capitaine au masque rouge.
>
> Au mois de décembre, la mère d'Yvon tomba malade. Yvon n'avait pas d'argent pour payer les remèdes. Il alla trouver Joris Calden, l'homme le plus riche du village, pour lui emprunter de l'argent.
>
> Celui-ci répondit : "Je sais que tu possèdes une cuillère d'argent. Apporte-la moi et je te donnerai un louis".
>
> Ne songeant qu'à sauver sa mère, Yvon porta la cuillère à Joris, et alla acheter les remèdes. Mais quand vint la nuit de la Saint-Étienne, il n'avait plus rien à mettre devant sa porte. À minuit, l'homme au masque rouge entra chez lui, et lui dit : "Qu'as-tu fait de ma cuillère ? Je n'ai pas mon compte".
>
> Yvon était mort de peur, mais il raconta son histoire.
>
> "C'est bien, dit le capitaine. Je te pardonne". Et il disparut dans la nuit.
>
> Le lendemain, tous les habitants de l'île retrouvèrent leur vaisselle devant leur porte, mais toute celle de Joris Calden avait disparu. Sur sa porte, il y avait un billet : "Reçu de Joris Calden la vaisselle d'argent qu'il m'a rendue".
>
> Yvon Le Guern trouva devant sa porte sa petite cuillère changée en or. Sa mère guérit.
>
> Yvon composa une chanson :
>
> Voici la nuit de Saint-Étienne
> Le masque rouge va passer.
> Devant sa porte, que chacun mette
> Ses plats d'argent… sinon il devra trépasser[1].

1. mourir.

Question n° 2

Voir ci-dessus la différence entre le conte et une histoire réaliste.

Question n° 3

Cette question aide à comprendre le système verbal du texte. Il faut chercher le sujet des verbes :

(un navire) s'approcha
(un coup de vent) fit tomber
(une bourrasque) poussa
(qui (le bateau)) s'éloigna
(on) entendit
(la Saint-Étienne) revint
(un garçon) raconta

} Tous ces verbes sont à la 3e personne du singulier.

(les hommes de l'île) rapportèrent
(Ils) partagèrent (les objets)
(les gens) commencèrent
(les habitants) mirent, s'enfermèrent

} Ces verbes sont à la 3e personne du pluriel.

Question n° 4

c'était est à l'imparfait, *s'approcha* est au passé simple.

L'imparfait est employé pour décrire, le passé simple est employé pour raconter les événements. Le passé simple s'emploie à l'écrit. À l'oral, on emploie le passé composé.

Sur l'imparfait et la description, cf. SOLEIL 2, unité 5, grammaire 1, p. 141.

Question n° 5

Exemple :
C'était l'hiver, il faisait nuit et il pleuvait. Nous étions tous silencieux : mes parents lisaient, mon frère faisait un problème, moi je révisais mes leçons. Tout à coup, j'ai entendu un grand bruit dans la rue : une voiture s'est arrêtée brusquement, quelqu'un a crié…

L'interview du conteur breton

Exemple de questions :

– Est-ce que vous racontez (racontez-vous) de vieilles histoires, ou bien en inventez-vous ?
  Est-ce que vous inventez des histoires ?
– À quel âge avez-vous commencé à être conteur ?
– À qui racontez-vous des histoires ?
– Est-ce que vous les écrivez ?
– Quelles sont les qualités d'un conteur ?
– Est-ce que vous contez aussi en langue bretonne ?

Le conte canadien : Repentigny

Vers la fin du XVIIIe siècle, le jeune Hervieux de Lanoraie revenait de faire des emplettes[1] du jour de l'An à Montréal[2]. Son cheval avait pris un **raccourci** sur la glace du fleuve et il allait arriver[3]

1. des achats. – 2. capitale du Québec, province francophone du Canada. – 3. il était sur le point d'arriver.

à Repentigny, quand il fut pris dans une tempête. La poudrerie[4] finit par immobiliser[5] son cheval et le garçon dut chercher refuge en attendant que la tempête s'apaise[6]. Il jeta une couverture sur le dos du cheval et se rendit à[7] une vieille maison au bord de la route. En regardant par la fenêtre, il ne vit personne, mais il remarqua qu'un bon feu de bois flambait dans la cheminée. Il poussa alors la porte et s'assit sur une bûche de bois. Il aperçut alors, assis au fond de la pièce, un grand vieillard[8] qui le regardait avec curiosité. Il s'excusa d'être entré **impoliment** et demanda au vieillard qui il était. L'homme lui dit ceci : "Je suis un **revenant,** obligé de passer ici toutes les veillées du jour de l'An. Je dois sauver la vie d'un voyageur. C'est la punition que Dieu me donna, parce que, quand j'étais vivant, un soir de tempête, j'avais refusé l'hospitalité à un voyageur. Le lendemain matin, je l'avais retrouvé gelé[9] devant ma porte".
Le jeune Hervieux ne sut jamais ce qui s'était vraiment passé. Il s'éveilla le matin, couché dans son traîneau. La tempête s'était calmée et son cheval avait repris sa route.

4. mot employé au Québec pour désigner la neige qui tombe. – 5. à la fin, oblige le cheval à s'arrêter. – 6. s'arrête, se calme. – 7. alla aller). – 8. un vieil homme. – 9. mort de froid.

Il s'agit d'un exercice de **compréhension orale**.

Faire écouter le conte enregistré plusieurs fois. Les élèves seront surpris par la prononciation : en effet, ce conte est écrit dans le français parlé au Québec, et enregistré par une Québécoise.

Dès la première audition, on pourra faire remarquer certaines particularités de l'intonation et de la prononciation. Par exemple :

- Décalage d'accent tonique : dans certains mots, ce n'est pas la dernière syllabe qui est accentuée, comme en français métropolitain, mais la 1re (***flam**bait*, ***vrai**ment*, ***cou**verture*).
- Élision du e muet (sourd) : *un chval* (cheval), *un rfuge* (refuge).
- Prononciation de la nasale |ɑ̃| qui tend vers le |ɛ̃| (*emplette*).
- Prononciation "mouillée" de la consonne **t**.

Demander aux élèves de lire les notes explicatives, p. 51, puis de ré-écouter l'enregistrement.

un raccourci : un chemin plus court.

impoliment : qui n'est pas poli.

un revenant : un fantôme, un mort qui serait revenu dans le monde des vivants.

Faire raconter ou résumer l'histoire oralement.

Aventurier en mer de Chine

Romano est interviewé par le magazine pour jeunes *Légendes et news*.

Le mot *légende* est employé avec deux sens différents dans les pages 52 et 53.

Page 52 : une légende est une histoire fabuleuse, imaginée en principe à partir d'un fait historique.

Page 53 : une légende est le commentaire que l'on écrit pour accompagner une image.

On peut procéder à la lecture en commun de l'interview, puis donner à faire le travail sur les images, individuellement, à titre de contrôle de la compréhension. On peut aussi mener les deux activités ensemble, les images aidant à comprendre le texte.

p. 53 Des Images et des Mots

Dans les légendes de la p. 53, on retrouve la plupart des informations contenues dans l'interview de Romano, p. 52. Ces informations sont éclairées ou redoublées par les images :

image A : la fabrication d'une arbalète

image D : le petit singe

image E : la promenade à éléphant

L'image B montre Romano dans l'eau et la boue, en train de chercher des trésors. On traduira le mot *rubis* en langue maternelle.

Correspondance des images et des légendes :

1. E 2. D 3. B 4. A 5. C

L'élève doit raconter à la 3e personne l'histoire que Romano raconte à la 1re personne du singulier. Exemple :

Romano a voyagé avec son père sur le voilier "Amulet" pendant six mois. Il est allé en Thaïlande. Il a appris à se débrouiller seul : piloter le bateau, chasser, se nourrir. Il est resté trois jours dans le village des Méos et il a communiqué par gestes avec les habitants. Le plus beau moment du voyage a été de traverser une rivière sur un éléphant. Le moment le plus triste a été de se séparer de son petit singe. Romano aime l'aventure. Il espère repartir avec son père sur les mers.

p. 54 Pour le plaisir

Sur chaque ardoise de Pierre Reverdy

Il y a un jeu sur le mot *ardoise* : les ardoises qui couvrent les toits (grises, alors que la tuile est rouge (cf. SOLEIL 2, Recette, p. 190) et les ardoises que l'on utilisait, à l'école, pour écrire.

L'imagination du poète transforme le réel : le dessin de la pluie qui glisse sur le toit imite l'écriture ; les gouttes d'eau brillent comme des diamants.

Le poème est écrit en deux phrases. Première phrase : *Sur chaque ardoise... poème*. Deuxième phrase : *La gouttière... les boivent*.
On peut dire et apprendre ces phrases l'une après l'autre : baisser la voix après *poème* ; marquer une pause après *diamants*, comme s'il y avait une virgule.

Pierre Reverdy (1889-1960)

Venu à Paris en 1910, il fréquente les poètes et les peintres. En 1917, il lance la revue *Nord-Sud*. Les Surréalistes le considèrent comme l'un des plus grands poètes vivants. En 1926, il se retire brusquement près de l'abbaye de Solesmes, et ne quitte plus sa retraite, consacrée à la méditation et à la poésie, que pour quelques voyages. Parmi ses principaux recueils : *Plupart du temps*, *Le livre de mon bord*, *Notes*, *Main d'œuvre*, *En vrac*, *Liberté des mers*.

Aurai-je le temps... de Pierre-Albert Birot

La syntaxe de ce poème est simple, le vocabulaire aussi.

Aurai-je le temps : inversion du sujet, forme soutenue par rapport à *est-ce que j'aurai le temps.*

J'ai le temps / je n'ai pas le temps : expression courante dans la vie de tous les jours, qui traduit souvent l'obsession du temps.

Ici, l'expression s'applique à d'autres préoccupations que celles de la vie quotidienne. Il suffit d'apprendre et de répéter la formule "*Aurai-je le temps de voir...*" et la succession : *la nuit – le jour – la fin du monde.*

"*tout voir*" englobe l'ensemble.

... *Et d'avoir le temps ?*

En somme, le poète est déchiré entre une tension (l'avidité de tout connaître) et le désir de jouir en paix du temps qui passe.

> **Pierre-Albert Birot** (1876-1967)
>
> Ami des peintres et des poètes d'avant 1914, dont Apollinaire, il joue un rôle essentiel dans le développement du cubisme et du futurisme, ainsi que dans la préparation du mouvement surréaliste. Poète, peintre, sculpteur, dramaturge, il est surtout l'auteur de *Grabinoulor* (1933), sorte d'"épopée-journal-poème en prose".

Proverbe

Il est très difficile de se débarrasser définitivement de ses mauvaises habitudes.

La maison de l'oncle Pierre de Pierre Gripari

C'est un conte dans lequel apparaît un revenant. On pourra ainsi faire le rapprochement avec les contes qui précèdent.

p. 58

Culture et civilisation

Côté cour, côté jardin

"*Côté cour, côté jardin*" est une expression employée par les comédiens de théâtre, pour désigner les deux côtés de la scène, par lesquels ils entrent ou ils sortent.

On voit sur ces photos des maisons traditionnelles, dont le matériau et l'architecture varient selon les régions.

Les élèves pourront facilement situer les régions évoquées sur la carte de France, p. 2 de couverture, et établir un lien avec certaines photographies de l'unité 1 (par exemple, la photo 7, le bocage normand, p. 32 et la photo 7, ici p. 59).

Au Nord, on trouvera, bien sûr, la maison du Nord (Artois ou Picardie), **photo 1** ; la maison alsacienne, **photo 5** ; la maison tourangelle (en Touraine), **photo 4** ; la chaumière normande, **photo 7**.

Toutes ces maisons ont un toit en pente pour qu'en hiver la neige ne risque pas de s'amasser. Mais dans le Nord et en Alsace, les toits sont en tuiles, alors qu'ils sont en ardoise en Touraine, et en chaume (de moins en moins souvent) en Normandie. La maison du Nord est construite en briques.

On peut encore observer d'autres différences : la maison du Nord et la chaumière normande sont basses, la maison alsacienne a des pans coupés et beaucoup de fleurs. Ces deux dernières ont des colombages (solives verticales ou obliques qui servent de charpente à une cloison). La maison tourangelle représentée ici est presque un petit château (un manoir).

Au Sud, la maison basque, **photo 2** ; la maison provençale, **photo 6** ; la maison du Lot, **photo 8**.

Toutes ces maisons ont des toits plats, mais dans la maison basque, comme dans la maison landaise (cf. SOLEIL 2, p. 89), la pente du toit est plus forte d'un côté pour protéger la maison du vent d'ouest. La maison provençale et la maison du Lot sont en pierre apparente.

Sur la **photo 3**, la maison qui a été photographiée dans l'Yonne (en Bourgogne) n'est pas une maison traditionnelle, faite avec les matériaux et le style du pays. C'est une petite maison (un pavillon) dans un lotissement. Un lotissement est un ensemble d'habitations proches les unes des autres. On voit qu'elles sont entourées d'un jardinet (petit jardin), et construites de façon banale, par des procédés industriels. Ce sont des maisons modernes, pas très chères.

On peut demander aux élèves quel style de maison ils préfèrent (on tiendra compte du paysage, des fleurs, de l'aspect...).

⇨ **Cahier, p. 25, 1 et 2**

Do, ré, mi, fa, sol

On a choisi les premières notes de la gamme pour désigner ce chapitre sur la musique.

La **photo 16** montre une scène d'un opéra de Claude Debussy, *Pelléas et Mélisande*, dont le livret (le texte) est de l'écrivain belge Maurice Maeterlinck.

La **photo 15** montre un **orchestre symphonique**, celui du Capitole de Toulouse, dirigé par Michel Plasson.

Malgré la petite taille de la photo, on pourra, si on le désire, faire identifier par les élèves les groupes d'instruments : violons à gauche, altos au milieu, violoncelles à droite, et derrière eux les contrebasses. Derrière les instruments à cordes, les instruments à vent (flûtes, hautbois, trompettes, trombones), et, au fond à gauche, la harpe, le piano, les instruments à percussion.

Il existe en France plusieurs orchestres nationaux : l'Orchestre national de France et le Nouvel Orchestre philharmonique (qui dépendent de la Maison de la Radio) et l'Orchestre national de l'Opéra.

Certaines grandes villes (Lyon, Lille, Montpellier, Toulouse, Bordeaux, Clermont-Ferrand...) et certaines régions (Ile-de-France, Normandie, Pays de Loire...) ont aussi un orchestre symphonique.

Photo 17 : **l'orchestre national de jazz** a été créé en 1984, sous la direction de François Jeanneau. Les chefs successifs sont nommés pour deux ou trois ans. Sur notre photo, le chef est Denis Badault (1er rang ; 2e à partir de la droite).

On peut faire reconnaître certains instruments sur la photo, et demander aux élèves leurs impressions.

Sur la **photo 15**, on voit un concert, l'ordre dans lequel sont placés les musiciens, les costumes.

La **photo 17** n'est pas prise pendant un spectacle. Les musiciens sont gais et décontractés.

Les compositeurs

À quelle époque ces musiciens ont-ils vécu ? Classe les portraits par ordre chronologique.

On pourra répondre d'abord à la deuxième partie de la question, en observant les costumes et les coiffures : la perruque et les ornements pour Couperin et pour Rameau, la coiffure et l'habit pour Mendelssohn et Berlioz, l'aspect plus "moderne" de Debussy, la photographie en couleurs de Pierre Boulez... On complétera à l'aide des éventuelles connaissances des élèves et de leur dictionnaire.

Classement des portraits, du plus ancien au plus récent : Couperin (14) ; Rameau (9) ; Berlioz (13) ; Mendelssohn (11) ; Debussy (12) ; Boulez (10).

1. François Couperin (photo 14), dit "Couperin le grand" (1668-1733)

Il est l'élève de son père, Louis Couperin, organiste et compositeur. Il lui succède comme organiste à l'église Saint-Gervais, à Paris, et il est également claveciniste. Il est ensuite organiste de la chapelle de Louis XIV, puis "maître de clavecin des Enfants de France", et "ordinaire de la musique du roi". En 1714 et 1715, il distrait la vieillesse du roi par ses célèbres "concerts royaux". Il fait alors figure de gloire nationale, mais sa mauvaise santé l'oblige à quitter ses fonctions. On a perdu la longue correspondance qu'il a échangée avec Bach.

Son œuvre : de la musique vocale (*Élévations*, *Leçons de ténèbres*, motets, "airs sérieux"...), de la musique de chambre (sonates en trio, concerts royaux, *Apothéose de Lulli* et *Apothéose de Corelli*...), de la musique d'orgue, de la musique de clavecin (233 pièces), une œuvre théorique (*L'Art de toucher le clavecin*).

Couperin a réconcilié le style français et le style italien : il a de l'humour et de la mesure, de la simplicité et de la fraîcheur. Sa musique d'église est une des plus belles parties de son œuvre, et la musique pour clavecin la partie la plus originale.

2. Jean-Philippe Rameau (photo 9) (1683-1764)

Après des études chez les Jésuites et un bref séjour en Italie, il est organiste en Avignon et à Clermont-Ferrand. Lorsqu'il s'installe à Paris en 1722, il est à peu près inconnu. Son *Traité d'harmonie* et son *Deuxième livre de clavecin* lui acquièrent une réputation de théoricien et de pédagogue. Il devient alors directeur de la musique particulière d'un fermier général, qui lui fait connaître Voltaire et fait jouer son *Hippolyte et Aricie* à l'opéra. Ses œuvres suivantes triomphent : *Les Indes galantes*, *Castor et Pollux*, *Dardamus*. Bien que peu courtisan, il est nommé "compositeur de la chambre du roi", et la *Princesse de Navarre* est donnée pour le mariage du dauphin.

En 1752, après la publication de ses *Nouvelles réflexions*, il entre malgré lui dans la "Querelle des Bouffons", où il sert de cible aux partisans de la musique italienne, dont les porte parole sont J.-J. Rousseau et Grimm, mais sa sérénité n'en est pas troublée.

Ses opéras représentent un renouveau de l'opéra classique français, en dépit de sujets et de mises en scène conventionnels. Rameau a également innové dans l'harmonie, dans l'instrumentation (il a introduit la clarinette dans l'orchestre), dans la forme (importance des ouvertures dans l'opéra). Son œuvre comprend 32 opéras, des motets, des cantates, 62 pièces de clavecin, beaucoup d'écrits théoriques.

3. Hector Berlioz (photo 13) (1803-1869)

Il fait ses études à Grenoble puis vient à Paris, où il préfère fréquenter l'opéra plutôt que la Faculté de médecine. Malgré l'opposition de sa famille, il entre au Conservatoire de Paris, puis obtient le Prix de Rome en 1830. La *Symphonie fantastique* est accueillie avec enthousiasme par Liszt. Il épouse Harriet Smithson, une belle actrice anglaise, mais cette union sera malheureuse. Pour subvenir aux besoins du ménage, Berlioz devient critique musical, puis conservateur de la bibliothèque du Conservatoire.

Il a été très affecté par ses échecs (*Benvenuto Cellini* et *La Damnation de Faust* en particulier), mais ceux-ci ont été compensés par de très grands succès (*La Symphonie fantastique*, le *Requiem*, créé aux Invalides par un orchestre gigantesque, *L'enfance du Christ*), des tournées triomphales en Europe, en particulier en Russie, et les "semaines Berlioz" organisées par Liszt à Weimar.

Son œuvre : des opéras (*Benvenuto Cellini*, *La Damnation de Faust*, *Les Troyens*, *les Troyens à Carthage*, *Béatrice et Bénédict*...), de la musique religieuse (*Messe des morts*, *Te Deum*, *L'enfance du Christ*), de la musique symphonique (*Symphonie fantastique*, *Roméo et Juliette*, *Harold en Italie*, etc.), une œuvre littéraire (*À travers chants*, *Les Soirées de l'orchestre*...).

On a dit que Hugo, Delacroix et Berlioz forment la Trinité du romantisme. L'œuvre de Berlioz est pour la première fois en effet une véritable autobiographie où se manifeste sa subjectivité. Il a créé une nouvelle forme de chant français et il est aussi le créateur de l'orchestration moderne, auquel se sont référés les compositeurs russes (Rimsky-Korsakov et Moussorgsky) et allemands (de Wagner à R. Strauss).

4. Félix Mendelssohn-Bartholdy (photo 11) (1809-1847)

Compositeur mort très jeune, il a eu cependant une influence considérable sur la vie musicale en Europe et sur de nombreux musiciens contemporains, dont Berlioz. Nous l'avons introduit dans ce panorama très réduit des musiciens français, pour montrer que la musique en Europe est sans frontières.

La maison familiale est l'un des plus brillants centres intellectuels de Berlin. Félix Mendelssohn a des dispositions exceptionnelles : à 14 ans, il avait déjà composé une œuvre importante. Il se rend à Paris en 1821 et 1825 et y rencontre Rossini, Meyerber, Cherubini. Il complète sa formation à Berlin en philosophie et se lie avec Goethe. Sa carrière est ensuite exceptionnellement chargée : il voyage à Vienne, Venise, Rome, Paris, Londres, dirige ses œuvres, se produit au piano ou à l'orgue. Il défend la musique de son temps (Schubert), fait même connaître Bach et Haendel, interprète Beethoven et Mozart.

C'est un compositeur favorisé par le sort, qui avait des dons surprenants dans tous les domaines. Il a la sensibilité d'un romantique, mais son style en fait un des derniers musiciens classiques.

Son œuvre : de la musique vocale (oratorios, cantates...), de la musique symphonique (symphonies, concertos...), de la musique de chambre et de clavier (*Romances sans paroles* pour piano, sonates pour orgue, pour violoncelle...).

5. Claude Debussy (photo 12) (1862-1918)

Les Debussy ne sont pas musiciens, mais s'installent à Paris, où une parente découvre les dons exceptionnels de Claude. Il entre au Conservatoire de Paris et obtient le Grand Prix de Rome pour sa cantate *L'Enfant prodigue*. Engagé comme pianiste par la baronne von Mack, protectrice de Tchaïkowsky, il l'accompagne en Suisse, en Italie où il rencontre Wagner, à Vienne et à Moscou. Il séjourne à la Villa Médicis, d'où ses "envois de Rome", qui scandalisent par leur nouveauté. Il s'installe ensuite à Paris, qu'il ne quittera plus que pour de courts séjours à Londres, à Vienne, à Bayreuth où il a la révélation des œuvres de Wagner, et pour des séries de concerts à l'étranger. Il découvre aussi Moussorgsky, Satie, Chausson, et fréquente l'avant-garde littéraire et artistique, en particulier Mallarmé, Pierre Louÿs, Verlaine, Laforgue, Camille Claudel.

L'essentiel de sa vie était la création de ses œuvres. L'événement capital fut la création de l'opéra *Pelléas et Mélisande* (en 1902), à partir d'un drame de Maeterlinck.

Son œuvre : musique vocale : *Pelléas et Mélisande*, *Le Martyre de Saint-Sébastien*, trois cantates, de nombreuses mélodies (cinq poèmes de Baudelaire, *Ariettes oubliées*, *Fêtes galantes*, *Chansons de Bilitis*, trois Ballades de Villon, trois poèmes de Mallarmé) ; musique symphonique : *Prélude à l'après-midi d'un faune*, *Nocturnes*, *la Mer*,... ; musique de chambre et œuvres pour piano (*Images*, *Children's corner*, préludes, etc.).

L'œuvre de Debussy a fait souffler sur la musique un vent de liberté et a ouvert la voie à toutes les audaces.

6. Pierre Boulez (photo 10) (né en 1925)

Il est né à Montbrison (Loire). Il a suivi les cours d'harmonie d'Olivier Messiaen au Conservatoire de Paris. Affirmant sa filiation avec Debussy, il a été séduit par les possibilités de la technique dodécaphonique, mais c'est Webern qui a orienté sa vocation, avec l'idée d'un système sériel généralisé.

Il est particulièrement concerné par la diffusion de la musique contemporaine et l'évolution des rapports du public et de la création. Il est nommé en 1946 directeur de la musique de scène à la Compagnie théâtrale Renaud-Barrault. Tout à la fois compositeur, analyste et chef d'orchestre, il fonde en 1954 les concerts du domaine musical qu'il dirige jusqu'en 1967. En 1975, il fonde l'IRCAM (Institut de Recherche et de Coordination Acoustique-Musique) et l'ensemble intercontemporain en 1977. Il a assuré la direction musicale d'orchestres prestigieux à l'étranger (BBC Symphony Orchestra à Londres, Orchestre philharmonique de New York, Orchestre du Festival de Bayreuth...).

Il a été professeur au collège de France jusqu'en 1995. Cette même année, l'anniversaire de ses 70 ans a été célébré dans le monde entier.

Son œuvre : *Sonates* pour piano, *Structures* pour deux pianos, *le Marteau sans maître*, *Pli selon pli*, *Eclat-Multiples*, *Domaines*, *Rituel*, *Repons*.

Ses livres : *Penser la musique aujourd'hui* (Gonthier, 1964) ; *Relevés d'apprenti* (Le Seuil, 1966) ; *Par volonté et par hasard* (Le Seuil, 1975) ; *Points de repère* (Bourgoin, 1981).

Sur la cassette, des extraits d'œuvres de compositeurs français :

– François Couperin, *La Petite Pince-sans-rire*.

– Jean-Marie Leclair, *Sonate pour deux violons n° 5*, Gavotte.

– Hector Berlioz, *La Symphonie fantastique*, *Un bal*.

– Georges Bizet, *Carmen*, Habanera.

– César Franck, *Sonate en la majeur pour violon et piano*, allegreto moderato.

– Jacques Offenbach, Ouverture de *La Belle Hélène*.

– Claude Debussy, *Arabesque n°1*.

Les élèves reconnaîtront les noms de François Couperin, Hector Berlioz, Claude Debussy. On les aidera à entendre et à répéter les autres noms, que l'on écrira au tableau.

– **Jean-Marie Leclair** (1697-1764) : l'un des plus grands violonistes de son temps, également danseur et maître de ballet. Il fut assassiné et l'on n'a jamais découvert l'auteur ni le mobile du crime. Son œuvre : un opéra, des sonates et des concertos pour violon, violon et flûte, des sonates en trio...

– **Georges Bizet** (1838-1875) : *Carmen* est l'opéra le plus célèbre de son œuvre dramatique (*Les Pêcheurs de perles*, *Ivan le Terrible*, *l'Arlésienne*...).

– **César Franck** (1822-1890) : né à Liège, en Belgique, il étudie la musique en France et occupe plusieurs postes d'organiste à Paris. Il partage sa vie entre l'orgue, ses élèves et la composition. Il est le fondateur de l'école d'orgue française contemporaine et ses chefs-d'œuvre sont surtout de la musique de chambre.

– **Jacques Offenbach** (1819-1880) : né à Cologne, il fait ses études et sa carrière en France où il crée des opérettes qui sont l'incarnation de la gaieté sous le second empire, et une œuvre sérieuse, son ouvrage préféré, *Les Contes d'Hoffmann*. Les principales opérettes : *Orphée aux enfers*, *La belle Hélène*, *La Vie parisienne*, *La grande Duchesse de Gerolstein*, *La Périchole*.

Après l'audition de la cassette, on pourra demander les impressions et les préférences des élèves, et faire des comparaisons avec d'autres musiques qu'ils connaissent.

Quelques autres compositeurs français :

– Marc-Antoine Charpentier (1634-1704), Michel Delalande (1654-1726), Maurice Ravel (1875-1937), Francis Poulenc (1899-1963), Eric Satie (1866-1925), Olivier Messiaen (1908-1992).

D'après Roland de Candé, *Dictionnaire des musiciens*. Éditions du Seuil, Collection Microcosme, 1964.

⇨ **Cahier, p. 26, 3**

p. 62

MÉMENTO 1/2

1. Relations logiques

1.1 Le but et la cause

Le schéma visualise ce qui a été dit à l'unité 1, grammaire 1.2 : syntaxiquement, ici, la cause précède l'événement ou la prise de parole, le but les suit. On fera revoir toutes les expressions qui expriment le but, ce qui d'ailleurs fait l'objet de l'activité 6 de l'unité 1.

1.2 La condition et le temps

Si indique la condition, *quand* le temps. Le futur est impossible après *si*.

2. Relations temporelles

2.1 Le déroulement

On pourra s'appuyer, si besoin est, sur les images de l'unité 2, grammaire 1.

2.2 L'antériorité

Cette notion n'est pas seulement rendue par le plus-que-parfait mais aussi par le passé composé (voir unité 2, grammaire 2.1). Tout dépend si l'on se situe par rapport au présent ou par rapport au passé. Ici encore, on pourra s'appuyer sur les images de l'unité 2, grammaire 2.3.

2.3 *D'abord, ensuite, enfin*

Dans l'unité 2, ces adverbes sont utilisés avec le passé composé puisqu'il s'agit de raconter ce qui s'est passé. Ils peuvent aussi accompagner le futur, dans le cas par exemple d'un récit prospectif. Exemple : *D'abord, on organisera un concert, ensuite, on montrera (on projettera) un film, enfin, on entendra des conteurs.*

3. Discours rapporté : concordance des temps

On récapitule ici les formes étudiées du discours rapporté, selon que les paroles en direct sont au présent (3.1) ou au futur (3.2). On ne trouvera pas de formes plus complexes de discours rapporté dans SOLEIL 3.

4. Usages

Il s'agit dans cette rubrique d'augmenter le capital phraséologique des élèves. Par exemple, de leur apprendre à faire une appréciation en utilisant des substantifs (unité 1, grammaire 4.1) et non seulement des adjectifs, ce qu'ils connaissent déjà. Ou encore, à insister (unité 1, grammaire 4.2). Il s'agit aussi de leur proposer quelques stratégies de discours (unité 1, grammaire 4.3) susceptibles par exemple d'accompagner une argumentation et d'instaurer ainsi une véritable communication. La part que l'on réservera à ce type d'acquisitions relève bien évidemment du niveau et des motivations de la classe.

Es-tu savant ?

EXERCICE 1

1. parce qu'
2. parce qu'

3. pour
4. pour
5. pour
6. parce qu'

EXERCICE 2

Exemples : Je voudrais proposer aux jeunes des activités de loisirs intelligentes.
Mon but est d'aider les jeunes à faire quelque chose d'utile.

EXERCICE 3

1. Si
2. Quand
3. Quand
4. Si
5. Si
6. Quand

EXERCICE 4

1. vient de
2. est sur le point
3. étais sur le point
4. sont sur le point de
5. vient de... viennent de... vient de

EXERCICE 5

Exemples : 1. Hier, les enfants ont reçu tous leurs amis.
2. j'avais marché sous la pluie pendant une heure.
3. on a tout bu hier soir.
4. j'avais oublié mon livre au collège.
5. elle n'avait pas noté mon numéro.
6. je n'avais pas pris son adresse.

EXERCICE 6

Les élèves s'aideront du dialogue 3 et de la grammaire 3 de l'unité 2.

EXERCICE 7

1. ma petite sœur a dit que quand elle serait grande, elle serait violoniste.
2. il m'a répondu qu'il ne pouvait pas, qu'il ferait un pique-nique avec ses parents.

Paroles en direct : 1. "Je jouerai au foot avec toi".
2. "Je te promets qu'on fera un voyage pendant les vacances de Noël".

Orthographe

1. un(e) trompettiste ; un piano ; un(e) violoniste ; une flûte.
2. joue ; rédigera ; skient ; crie ; changeons (changerons) ; entrons (entrerons) ; mangeons.

UNITÉ 3

L'objectif de cette unité, centrée sur la défense de l'environnement, est essentiellement le lien de CAUSE et de CONSÉQUENCE, ainsi que l'emploi des auxiliaires *faire* et *laisser*.

Suggestion de parcours

	Dialogues	Activités	Grammaire	Cahier
1re étape	D1	A1		
	D2	A2		
		A4, 5, 6, 7	G1	C1, 2, 3, 4
	Éventuellement, Ouvertures : *Le loup revient en France*			
2e étape		A3	G2	
	D3	A8		
		A9	G1, G5.1 et G5.2	C10
		A10		
	Éventuellement, Ouvertures : *Karen, 19 ans, dresseuse de loups*			
3e étape		A11		C5,9
		A12	G3	C6, 7, 8
			G4, G5.3	
			Orthographe	
	Éventuellement, Ouvertures : *Des Images et des Mots*			
4e étape	Culture et civilisation			C, pp. 33 et 36
	Pour le plaisir			

On peut d'abord s'interroger sur le titre de l'unité "*Les oiseaux reviendront*". Cela peut évoquer le retour des oiseaux migrateurs, mais aussi, comme c'est le cas ici, celui des oiseaux qui ont fui la pollution.

p. 67

Dialogue 1

On nettoie la mare

Isabelle : – **Bah !** C'est dégoûtant ! **Les gens** jettent leurs **canettes de bière** dans l'eau. **C'est pour ça que** la mare est si sale !

Simon : – **Et qu'il n'y plus de grenouilles !** Pierre ! Donne-moi un sac poubelle ! On va tout mettre dedans.

Pierre : – Tout de suite !

(*Il pose le sac entre* Lise *et* Simon.)

Isabelle : – Merci. Et voilà une boîte de conserves. Là, il y a **quelque chose que je n'arrive pas à attraper**. **Fais-moi passer** ta pelle Ah voilà, **j'y arrive** ! Une bouteille. Deux bouteilles. Bah, pleines de vase !

Simon : – Regarde : une chaussure, **c'est dingue !** Les gens jettent vraiment **n'importe quoi** !

Isabelle : – **Résultat** : la mare n'a presque plus d'eau. Il n'y a plus de têtards. **Et puis, qu'est-ce que ça sent mauvais !**

Pierre : – Quand le sac sera plein, vous m'appellerez, j'irai le porter au camion.

Simon : – Je crois qu'un sac ne suffira pas. Il y a combien de sacs ?

Pierre : – **Il y en a plein**. Tu penses qu'il t'en faudra combien ?

Simon : – Je ne sais pas au juste. **Plusieurs**.

Isabelle : – **Tu crois qu'on aura fini ce soir ?**

Pierre : – **Il le faut bien**. Demain, on va racler le fond de la mare et **un camion-citerne** apportera de l'eau propre.

Simon : – Et on remettra des têtards des petits poissons, des grenouilles.

Isabelle : – Et puis, **on plantera des saules** tout autour, et les oiseaux reviendront y faire leurs nids.

Pierre – **Tu veux dire** qu'on fera planter des saules. C'est trop dur pour nous !

Trois jeunes nettoient la mare, ou plutôt deux, Isabelle et Simon. Pierre organise le travail, distribue des sacs, les porte au camion, etc.

■ Une mare est une nappe d'eau stagnante, plus petite qu'un étang. ■

"*Bah* !" est une onomatopée qui exprime le dégoût. Équivalent : *Berk* !

"*Les gens*" : les passants. "*Canette de bière*" : récipient en fer, jetable, et beaucoup plus léger qu'une bouteille.

"*C'est pour ça que*" : *c'est pourquoi, c'est la raison pour laquelle*, exprime la cause, la saleté de la mare étant la conséquence de la saleté des gens.

"*Et qu'il n'y a plus de grenouilles*" : idem. On fera remarquer *c'est pour ça que... et que...*

"*quelque chose que je n'arrive pas à attraper*" : *que je ne peux pas attraper*. Isabelle ne sait pas encore ce que c'est, de quoi il s'agit.

"*Fais-moi passer*" : *donne-moi*. Dans le langage courant, on entend souvent *Passe-moi*.

"*... j'y arrive*", parce que c'est le verbe *arriver* ***à*** (voir grammaire 4.1).

"*c'est dingue !*" : *c'est fou* ! *C'est incroyable, inimaginable* !

"*n'importe quoi*" : *une chose quelconque, sans faire attention. Dire n'importe quoi : parler sans réfléchir (à ce qu'on dit)*.

"*Résultat*" (familier) : introduit une conséquence (voir grammaire 1).

"*Et puis, qu'est-ce que ça sent mauvais !*" *non seulement il n'y a plus d'eau mais ça sent très mauvais*. Sur ce type d'exclamation, voir grammaire 5.2).

"*Il y en a plein*" (familier) : *il y en a beaucoup* (de sacs).

"*Plusieurs*" : la quantité n'est pas précisée mais cela sous-entend qu'un certain nombre de sacs sera nécessaire (seront nécessaires).

■ On étudiera la différence entre *des, quelques, plusieurs* à l'unité 6, grammaire 3. ■

"*Tu crois qu'on aura fini ce soir ?*" Isabelle, qui est peut-être un peu fatiguée, ou découragée, essaie d'anticiper sur le travail de la journée. Elle désire être rassurée.

■ On étudiera le futur antérieur à l'unité 4, grammaire 1. ■

"*Il le faut bien*" : on n'a pas le choix, c'est nécessaire.

"*un camion-citerne*" : un camion spécial qui peut transporter des liquides. Mot composé : le 2e mot complète le premier ; cf. unité 4, activité 16, p. 102. Sac poubelle est construit de la même façon.

Ils planteront des saules parce que le saule est un arbre qui aime l'humidité. Il pousse souvent le long des rivières.

"*Tu veux dire*" : Pierre corrige (reprend) Isabelle : "*on fera planter des saules*". En effet, ce ne sont pas les jeunes qui les planteront, ils n'en sont pas capables (voir grammaire 2).

1 • Peux-tu répondre ?

Pour nettoyer la mare.
Parce que les gens y jettent n'importe quoi.

p. 68

Dialogue 2

On peint l'usine

Pendant ce temps, d'autres jeunes ***remettent en état*** *une petite usine désaffectée*[1].

Hugo : – **C'est vraiment super qu'on nous laisse transformer** cette usine en **centre de création artistique** !

Lise : – Je crois que ça n'a pas été facile du tout ! **L'association s'est drôlement bagarrée** ! On a même écrit au député et au **ministre de l'Environnement** !

Hugo : – **Conclusion** : ce vieux bâtiment abandonné servira bientôt de local aux peintres, aux sculpteurs et aux musiciens qui n'ont pas d'endroit pour travailler.

Lise : – Qu'est-ce que tu penses de ce bleu ? J'ai envie d'en mettre sur tout ce mur.

Hugo : – À mon avis, ça fera un peu trop de bleu. Mets-en en bas. Et en haut, moi à ta place, je mettrais du blanc, enfin **du blanc cassé**, ou peut-être du jaune.

Lise : – Mais t**u me prends pour Matisse** !

Hugo : – **Non, je te prends seulement pour Lise !**

Des jeunes "*remettent en état*" : *réparent, nettoient.*

"C'*est vraiment super qu'on nous laisse transformer…*" : *qu'on nous permette de…*

"*centre de création artistique*" : un centre où de jeunes artistes pourront venir travailler.

"L'*association s'est drôlement bagarrée*" (familier) : *s'est beaucoup battue, a fait beaucoup de démarches.*

Le "*ministre de l'Environnement*" : le ministre qui, au gouvernement, est chargé des problèmes de protection de la nature.

"*Conclusion*" (familier) : *résultat,* introduit une conséquence.

Lise consulte Hugo, lui demande son avis sur la couleur qu'elle veut mettre sur le mur. Il lui conseille de ne pas mettre que du bleu, mais du bleu en bas, et en haut du blanc cassé (du blanc mélangé de jaune crème) ou du jaune. Le bleu et le jaune sont les couleurs favorites de Matisse, d'où la réplique de Lise : "*Tu me prends pour Matisse*" : *tu penses que je suis Matisse, que je suis un aussi bon peintre que Matisse.*

■ Sur Matisse, voir SOLEIL 2, livre du professeur, p. 113. ■

"*Non, je te prends seulement pour Lise !*" : Hugo joue sur les mots et veut lui faire comprendre qu'il admire et respecte son travail.

1. *désaffectée* : abandonnée, qui ne sert plus.

2. Peux-tu répondre ?

Ce bâtiment va servir de local aux artistes.
parce qu'ils sont sales et gris et qu'elle veut transformer ce local.

3. Mon dictionnaire

Laisser + infinitif ⇨ G2

On nous permet de transformer…

4. Jeu fléché

Cause-conséquence ⇨ G1

– Les gens jettent n'importe quoi dans l'eau, c'est pour ça que la mare est si sale.
– La mare n'a plus d'eau, conclusion : il n'y a plus de grenouilles.
– Il y a beaucoup d'objets à enlever, il faudra plusieurs sacs poubelle.
– L'association s'est bagarrée, résultat : on lui laisse transformer l'usine.
– Les jeunes travaillent dix heures par jour, bientôt les artistes pourront venir travailler.

5. Rythme et intonation

Cause-conséquence ⇨ G1

Dans la 1re phrase, le lien de cause à conséquence est marquée par *c'est pour ça que*
Dans la 2e phrase, pour marquer le lien de cause à conséquence, qui n'est pas explicite, l'intonation est suspensive.

6. À ton tour

Expression de la conséquence ⇨ G1

Dialogue 1 : c'est pour ça que… et que…
Résultat
Et (*Et on remettra des têtards…*)
Et puis
Dialogue 2 : Conclusion
Activité 4 : résultat, conclusion, et, c'est pour ça que, intonation.

7. Entre vous

Expression de la conséquence ⇨ G1

1. je n'irai pas courir dans le parc, ce soir.

2. résultat, il a eu une très mauvaise note.
3. il n'a pas pu freiner et il est tombé.
4. et le petit chat s'est échappé.
5. c'est pour ça que le concert s'est arrêté.
6. (c'est pourquoi) on n'a pas pu se baigner ; trop froide pour se baigner.

⇨ **Cahier 1, 2, 3, 4**

RELAXATION

Bien sentir que le dos s'étire (le ventre, les côtes, la poitrine, la nuque) dans une profonde inspiration. On doit se sentir grandir vers le haut.
Ne pas trop relâcher à l'expiration.

p. 71

Dialogue 3 — À une radio locale

– **Vous êtes sur** Radio-France Normandie, **vous écoutez** l'émission « Initiatives ». Je vais maintenant donner la parole à François Marchal qui a fait un reportage sur la défense de l'environnement dans notre région.
François Marchal, **le groupe de jeunes dont vous allez nous parler** fait partie de l'association « Tous ensemble ». Ils s'occupent, **si j'ai bien compris**, de remettre en état **une ancienne fabrique de tuiles**. François Marchal, **vous avez été**, je crois, **très impressionné par le travail** de ces jeunes…

– **Oui, en effet**, **j'ai été frappé par leur sérieux** mais aussi par leur enthousiasme. Ils travaillent dix heures par jour pour transformer cette usine en local destiné à la création artistique. J'ai demandé à deux jeunes qui sont en train de repeindre les murs de venir parler à ce micro, mais ils m'ont répondu qu'ils n'avaient pas le temps… Pas même le temps de répondre à mes questions ! Ils s'intéressent passionnément à leur travail ! Ils veulent que le local soit prêt le plus tôt possible. Il **comprendra** des ateliers pour les peintres, d'autres pour les musiciens, d'autres encore pour les sculpteurs.

– Et ils font tout eux-mêmes ?

– **La Mairie avait fait réparer le toit par des ouvriers couvreurs**. Tout le reste est fait par les jeunes : **nettoyage, peinture** des murs, du sol, installation électrique, **(certains d'entre eux préparent des diplômes techniques)**, etc. etc. Il y a une **équipe de pilotage** qui distribue le travail **en fonction des** goûts et des capacités. **En bref**, c'est un bon exemple de ce que « Tous ensemble » veut dire !

À une radio locale, en Normandie, un journaliste est interviewé à propos de son reportage sur l'usine désaffectée (cf. dialogue 2).

■ En France, il existe des radios nationales de service public (France Inter, France Musique, France Culture), et des radios privées, dont certaines peuvent être entendues sur tout le territoire, comme Europe n° 1, alors que d'autres sont reçues seulement dans une région. ■

"*Vous êtes sur… vous écoutez…*" : la journaliste de radio s'adresse aux auditeurs.
La description du travail des jeunes illustre bien le thème de l'émission : « Initiatives ».

"*... le groupe de jeunes dont vous allez nous parler*" : *vous allez nous parler d'un groupe de jeunes* (voir grammaire 3).

"*si j'ai bien compris*" : *je ne suis pas absolument sûre d'avoir bien compris* (voir grammaire 5.3). Cela indique aussi que la journaliste de radio a préparé cette émission avec le journaliste qui a fait ce reportage, François Marchal. Cela explique également "*je crois*", ci-dessus.

"*une ancienne fabrique de tuiles*" : dans le midi de la France, ce sont des tuiles que l on met sur le toit des maisons. On a maintenant plus de précisions sur ce qu'était autrefois cette usine désaffectée : une fabrique de tuiles (une tuilerie).

"*vous avez été... très impressionné par le travail*" : *vous avez beaucoup d'admiration pour le travail... Ces jeunes ont fait une forte impression sur vous.*

"*Oui, en effet*" : *c'est exact, ce que vous dites est juste.*

"*J'ai été frappé par leur sérieux*" : *leur sérieux m'a frappé, m'a fait une forte impression.*

Le fait que les jeunes aient refusé de venir répondre à ses questions le remplit d'admiration : cela montre leur sérieux et leur enthousiasme.

"*il comprendra*" : *dans le local, il y aura...*

"*la mairie a fait réparer le toit par des ouvriers couvreurs*" : ce ne sont pas les jeunes qui ont réparé le toit. En effet, c'est un travail très qualifié et dangereux qui ne peut être fait que par des professionnels (familièrement : des *pros*). "*couvreurs*" : du verbe *couvrir*. La couverture, c'est le toit.

"*nettoyage, peinture...*" : on fera remarquer l'absence d'article dans cette énumération.

"(*certains préparent des diplômes techniques*)" : cette parenthèse explique la compétence de certains jeunes.

"*équipe de pilotage*" : vient de *pilote*, *piloter* (un avion, une voiture).

"*en fonction de*" : *selon.*

"*En bref*" : *en quelques mots, en conclusion.*

8. Peux-tu répondre ?

Par le travail de ces jeunes, leur sérieux, leur enthousiasme.

Parce qu'ils n'avaient pas le temps : ils veulent terminer leur travail le plus tôt possible.

Il comprendra des ateliers pour les peintres, les musiciens, les sculpteurs. Il va servir à la création artistique.

9. Jeu de rôles

Cause-conséquence ⇨ **G1, G5.1, G5.2**

On pourra s'appuyer sur le libre-service de l'activité 7.

10. Jeu sur la langue

Détourner la conversation

1. À propos d'appendicite, ma sœur va être opérée bientôt.
2. Vous savez que c'est très bon pour le teint ? Ça me fait penser que je dois en acheter.
3. À propos, ça me rappelle que je dois m'acheter des chaussures.

4. À propos de Matisse, on m'a dit qu'il y avait une exposition Matisse à Beaubourg.
5. À propos de Bretagne, j'ai envie d'y aller cet été.

11. Des mots, des mots, des mots

– Dans l'autobus, un voyageur m'a marché sur le pied, sans le faire exprès, ça m'a fait très mal.
– Son chien a appris à faire le beau pour avoir un sucre.
– Depuis qu'il est arrivé à Paris, il n'a pas donné signe de vie (il n'a pas téléphoné) : il fait le mort.

Autres expressions :

Faire le difficile : faire des manières. Exemple : À la cantine, il ne mange rien. Il ne trouve rien de bon. Il fait le difficile.
Faire jeune (vieux) : paraître plus jeune que son âge.
Faire jour, faire nuit : le jour est levé, la nuit est tombée.
Faire la pluie et le beau temps : être très influent, imposer sa volonté.

⇨ **Cahier 5, 9**

12. Expression écrite

⇨ **G3**

1. Les jeunes nettoient la mare qui est sale.
On va planter des arbres autour de la mare que les jeunes ont nettoyée.
L'association dont Martine fait partie veut aider les gens à mieux vivre.

1. que
2. qui
3. dont (s'occuper **de**)
4. que
5. qui
6. dont (parler **de**)

2. Réponse ouverte.

⇨ **Cahier 6, 7, 8**

p. 75

GRAMMAIRE ET USAGE

1. Cause et conséquence

Alors que le but est une anticipation, une orientation donnée à l'action, la conséquence est un résultat réel.

Expressions qui expriment la conséquence :

Dialogue 1 C'est pour ça que… Et qu'il n'y a plus de grenouilles.
Résultat : la mare… (familier)

Dialogue 2 Conclusion : ce vieux bâtiment… (familier).

2. *Faire, laisser* + infinitif

2.1 *Faire* + infinitif

Quelques nuances de sens de cet auxiliaire seront abordées au mémento 3/4, 5. Ce qu'il faut comprendre ici, c'est qu'il y a des acteurs distincts : ceux qui demandent de planter des saules, et ceux qui les plantent ; celui (celle) qui demande de réciter (qui écoute la récitation), et celui (celle) qui récite, etc.

Situation possible pour *Il lui fait traverser la rue* : une vieille dame est au bord du trottoir. Elle a peur de tomber, elle marche avec une canne et elle n'y voit pas bien.

Situation possible pour *Elle leur fait voir des film en V.O.* : leur professeur de français est très dynamique. Elle demande (emprunte) des films au Centre culturel français pour que ses élèves entendent le français parlé.

2.2 *Laisser* + infinitif

Seul le sens de "permettre de" est étudié ici. On verra au mémento 3/4, 5, un autre sens de cet auxiliaire.

Comme *faire* + infinitif, *laisser* + infinitif présuppose qu'il y a deux acteurs : l'un qui donne la permission, l'autre à qui on la donne. Dans le cas précis du dialogue 2, c'est sans doute la municipalité (le maire de la ville), voire le préfet, qui a donné l'autorisation de transformer l'usine. Seule la construction de cet auxiliaire est étudiée dans cette grammaire. Si sa signification pose problème, on reverra le dialogue 2 et l'activité 3.

3. Pronoms relatifs : *qui, que, dont*

Les exemples a, c, et e présentent des êtres animés (humains). Les exemples b, d et f, des inanimés. C'est la fonction syntaxique (sujet, complément d'objet direct, complément d'objet indirect) qui détermine le pronom et non la distinction animé/non animé.

Un tableau complet des pronoms relatifs est présenté au mémento 3/4,3. On pourra éventuellement revoir l'expression écrite de l'unité 6 de SOLEIL 2, p. 164.

4. Pronoms *y, en*

Le choix de ces pronoms dépend de la construction du verbe : avec la préposition **à** ou la préposition **de**. On verra au mémento 3/4, 4, quelques verbes qui se construisent avec ces deux pronoms.

5. Usages

5.1 Exprimer un avis

Certains adjectifs sont nouveaux (*horrible, cruel*). Certaines constructions également : *je suis choqué(e), impressionné(e), frappé(e) par* + substantif.

⇨ **Cahier 10**

5.2 Exclamation

Comme d'habitude, la distinction entre les registres familier et soutenu est importante. On fera mémoriser ces expressions en s'appuyant sur l'intonation et en demandant de proposer des situations susceptibles de les susciter.

5.3 *Si j'ai bien compris*

C'est dans le dialogue 3 qu'apparaît cette expression, dans la bouche de la journaliste qui interviewe François Marchal : *"Ils s'occupent, si j'ai bien compris, de remettre en état une ancienne fabrique de tuiles"*.

En effet, il faut être prudent lorsqu'on rapporte les paroles de quelqu'un ou ce qu'il vous a raconté : il est toujours possible d'avoir compris de travers ou de mal choisir ses mots. Cela donne l'occasion à l'interlocuteur de confirmer ou d'infirmer ses propos antérieurs.

p. 78 ORTHOGRAPHE

2. Écoute et regarde : les adverbes de manière

gentil / gentiment : pour former l'adverbe, on supprime le **l** final.

sérieux / sérieusement : l'adverbe est formé à partir du féminin (*sérieuse*) de l'adjectif.

méchant / méchamment : le **t** final de l'adjectif est supprimé, **n** est transformé en **m**.

⇨ **Cahier, Orthographe 1**

4. Observe les phrases suivantes

Le participe passé *acheté* s'accorde en genre et en nombre avec le complément d'objet direct placé avant le verbe. Dans ces phrases, le complément d'objet direct est un pronom personnel (*l'*, *les*).

⇨ **Cahier, Orthographe 2**

6. Dictée

Pascal veut devenir sculpteur. Caroline, elle, s'intéresse sérieusement à la peinture et Luc fait semblant de s'y intéresser… Résultat : de grandes discussions !

p. 80 OUVERTURES

Le thème de la rubrique est le même que celui de l'unité : la protection de la nature. On peut donc répartir les trois groupes d'activités proposés tout au long de l'étude de l'unité.

Le loup revient en France

Le premier texte a la forme d'un récit : "L'histoire commence…". Le second est constitué d'une série de paragraphes informatifs. Chaque titre est expliqué par le texte qui suit.

Quelques mots à expliquer :

hantait : vivait dans nos forêts, fréquentait

une silhouette : le dessin d'un personnage réduit à quelques traits (dessiner une silhouette au tableau).

un ennemi : le contraire d'un ami.

On peut poser quelques questions de compréhension, ou proposer un questionnaire vrai/faux. Exemple :

- Qui a découvert (vu le premier) les loups dans le parc de Mercantour ? Quand ? (à quelle date ?).
- Il y a 20 ans, il y avait 200 loups en Italie : vrai ou faux ?
- Il y a 50 ans, il y avait des loups dans les forêts, en France. Vrai ou faux ?

Comme chaque fois, on fera faire une ou plusieurs lectures silencieuses du texte. C'est la lecture qui permet de répondre aux questions.

Les questions 1 et 2 peuvent être traitées en classe, oralement ; les questions 3, 4, 5, par écrit.

1. *solitaire* s'oppose à : *il aime la compagnie, il vit en meute.*

La première expression peut s'employer pour les humains, mais pas la seconde.

dominé s'oppose à *dominant.* C'est le participe passé du verbe dominer. On peut rapprocher *dominant* de *chef.*

2. *une faim de loup* : expression rencontrée dans SOLEIL 2 (unité 1, dialogue 2).

Les loups mangent du gros gibier (des cerfs, des biches...), alors qu'eux-mêmes ne sont pas très grands.

marcher à pas de loup : le loup marche sans bruit. Rapprocher de *il sait être silencieux ; ils jouent sans bruit.*

L'expression bien connue : *se jeter dans la gueule du loup* → *se jeter dans la gueule de l'homme* signifie : se précipiter vers le danger. Pour les humains on emploie le mot *bouche*, pour les animaux on emploie le mot *gueule*.

3. Jeu fléché

– gibier sauvage	→	proie
– loup dominant	→	chef
– petits	→	louveteaux (formé à partir de louve, féminin de loup), voir photo.
– espace	→	territoire
– se multiplier	→	devenir trop nombreux

4. Cause et conséquence

– Les loups sont bien organisés (cause), c'est pourquoi ils peuvent s'attaquer au gros gibier (conséquence).

– Parce que les loups sont bien organisés (cause), ils peuvent s'attaquer au gros gibier (conséquence).

– Quand les loups sont trop nombreux (cause), ils ne trouvent pas assez de nourriture (conséquence).

– Les loups détalent comme des lapins quand les humains s'approchent, parce qu'ils ont peur (cause) ou :

pour ne pas tomber dans la gueule de l'homme (but).

5. Réponse ouverte.

On remarquera que *peur, terreur, répulsion, dégoût,* sont négatifs. La *terreur* est plus violente que la *peur*, la *répulsion* que le *dégoût*.

On peut aussi classer en ordre croissant : *intérêt, sympathie, attirance, admiration, fascination.*

p. 82 Karen, 19 ans, dresseuse — Donner confiance aux loups

1. – Karen n'habite pas dans une maison. Elle habite dans une caravane confortable, au cirque de Paris.

– Vrai.

– Les loups ont les pattes plus hautes que celles des chiens.

– Vrai.

– Le loup est peureux (craintif), il faut lui donner confiance.

2. Les qualités d'une bonne dresseuse : il faut s'occuper des bêtes avec amour, étudier leur comportement, les observer, leur donner confiance.

3. Elle emmène souvent l'un des trois loups **qu'**elle possède sur les pistes de cirque (**qu'** remplace *trois loups*).

Dans la caravane confortable **où** (remplace *caravane confortable*) elle habite, Karen montre trois boules de poils : les louveteaux **que** son père lui a rapportés (**que** remplace *louveteaux*).

4. *ils s'attaquent aux plus faibles.*

5. *Une panthère, une tigresse, cinq ou six lions, un puma.*

Les bêtes fauves sont de couleur fauve (marron), comme le lièvre, le cerf, le daim, par opposition aux bêtes noires (le sanglier) ou rousses (le renard).

Quand on parle de **fauves**, on désigne des bêtes sauvages, dangereuses, comme le tigre ou le lion.

6. Dans une **hiérarchie**, il y a des dominants et des dominés. Celui qui domine tout le monde (qui commande) est le chef. Au-dessous de lui il y a un sous-chef, puis un sous-sous-chef, et au-dessous le reste de la meute, qui obéit.

On parle aussi de hiérarchie pour les humains, dans le gouvernement, les administrations, les entreprises…

7. Faut-il protéger les loups ?

Pour répondre à cette question, on peut répartir les élèves en groupes, puis organiser un débat. Ou bien on divise la classe en deux : les uns trouvent les arguments pour, les autres, les arguments contre.

Pour : Les loups ne doivent pas disparaître : ce sont des animaux intéressants. Les contes et les légendes sont pleines d'histoires de loups. Le loup est un animal mythique.

Contre : Les loups sont dangereux. Ils dévorent les moutons. Les bergers sont obligés de protéger leurs troupeaux. Quand ils sont affamés, ils sont dangereux aussi pour l'homme. Ce sont des prédateurs.

p. 84 Des Images et des Mots

Nom de l'animal et n° de la photo	Pollution		Chasse Pêche	Tourisme Dérangement	Circulation routière	Industrie	Agriculture
	Pesticides Insecticides	Marée noire					
1. Le phoque gris	+		+	+			
2. Le hérisson d'Algérie	+			+	+		
3. Le pingouin Torda		+					
4. L'ours brun				+			
5. Le mouflon de Corse			+				
6. Le lézard ocellé	+			+			
7. Le saumon atlantique	+			+			
8. Le brochet		+	+	+			
9. La cigogne blanche						+	
10. Le faucon pélerin	+		+				+

p. 86 Pour le plaisir

Poèmes

Je passais mes vacances… de Maurice Fombeure

Pour comprendre le poème, donner quelques éléments de lexique :

– *abeille* et *mésange* : traduire ces mots en langue maternelle.

– *cœur / au cœur de* : au milieu de, au centre de.

Le poème joue sur rose et rosier, sur le blanc et le noir, avec un peu de mélancolie : l'enfance, les vacances passées (*fleur des jours sans souci*), les fleurs (la rosée) de l'aube, l'éloignement de la France.

On peut l'apprendre strophe par strophe. Pour s'aider, on peut remarquer la similitude des rimes dans la 1re strophe et la 4e, ainsi que dans la 2e et la 3e.

Maurice Fombeure (1906-1981)

Son enfance se passe à Bonneuil-Matours, un village du Poitou. Il devient professeur de français et s'installe à Paris en 1937. Il publie des recueils de poèmes (*Silences sur le toit*, 1931), *À dos d'oiseau*, *Aux créneaux de la pluie*, *Pendant que vous dormez*, *À chat petit*) et aussi des Souvenirs (*La Rivière aux oies*, *Les godillots sont lourds*). Il reçoit le Prix littéraire de la ville de Paris (1958) et le Grand Prix international de poésie (1967).

L'herbe dites-vous... de Pierre-Albert Birot

Le poète semble répondre à quelqu'un : "L'*herbe dites-vous*..." : vous dites que...

... L'herbe ne fait aucun bruit pour pousser
L'enfant (ne fait aucun bruit) pour grandir
Le temps (ne fait aucun bruit) pour passer

"*Vous n'avez pas l'oreille fine* !" est à dire sur un ton exclamatif.

Le poète, lui, au contraire de la personne désignée par *vous* (qui est peut-être nous !), est attentif à tout ce qui change. Il entend les bruits les plus ténus, et même le silence (avoir "l'oreille fine").

Pierre-Albert Birot : voir unité 2, Poésie, p. 54

Vendredi ou la vie sauvage de Michel Tournier

Ce roman, inspiré de l'histoire de Robinson Crusoé, a un dénouement différent de son modèle : Robinson choisit de rester sur son île tandis que Vendredi, un indigène devenu son ami, choisit la civilisation.

Le passage retenu est une illustration de ce qu'on appelle "métaphore poétique" : un papillon blanc, ... c'est une marguerite qui vole !

p. 89

CULTURE ET CIVILISATION

En forêt

Les résineux sont des arbres **à feuilles persistantes** (qui ne tombent pas à l'automne) : sapins, pins (il en existe de nombreuses variétés. Ceux des Landes sont des pins maritimes).

Les autres arbres, ou "feuillus" (du mot *feuille*), ont des **feuilles caduques** (châtaigniers, hêtres, chênes, bouleaux...). En forêt de Compiègne, il y a beaucoup de hêtres et d'ormes.

Quant à la forêt de Fontainebleau, située à une cinquantaine de kilomètres de Paris, elle présente de multiples écosystèmes (lande sablonneuse, mare, chênaie, pelouse calcicole...). De ce fait, elle abrite une flore et une faune très diversifiées. De nombreux militants écologistes voudraient qu'elle soit classée "parc national", comme le Mercantour ou la Vanoise.

L'homme et les petites futaies

De l'Amazonie au Bassin parisien, de l'Alaska à la Californie, de l'Inde au Brésil, les arbres couvrent quelque 30 % des terres émergées de la planète. Mais toutes les forêts ne se ressemblent pas : les unes sont tropicales sèches, les autres tropicales humides, boréales ou tempérées. Si l'exposition "Forêts du monde, forêts des hommes" présente les spécificités biologiques, géographiques et climatiques de ces poumons verts, elle raconte aussi les relations que les hommes entretiennent avec ces vivants trésors nourriciers. Des peintres de Barbizon aux tribus africaines, toutes les sociétés ont tissé des liens imaginaires avec la forêt, la peuplant d'elfes ou de demi-dieux. Mais aujourd'hui, les hommes ne craignent plus ces univers fascinants : ils ont appris à les massacrer sur l'autel du profit. Présenter l'histoire et le devenir de ces fragiles écosystèmes, tel est le propos de l'exposition. Dans les bruits de vent et les cris d'oiseaux, le visiteur avance de clairières en futaies, à la découverte des gnomes, des baobabs, des singes ou des tronçonneuses. La survie du milieu forestier dépend de la douceur des hommes.

"Forêts du monde, forêts des hommes", exposition au Muséum d'Histoire naturelle, Grande Galerie de l'évolution : 36, rue Geoffroy-Saint-Hilaire, Paris, 5e.

Télérama, n° 2372 – 28 juin 1995.

Dites-le avec des fleurs

Pour un mariage : vœux / souhaits de bonheur.
Pour un anniversaire : Heureux / joyeux anniversaire.
Pour un enterrement : regrets, condoléances.

Libre-service

Je vous présente mes vœux de bonheur les plus sincères !
Tous mes vœux de bonheur !
Je vous souhaite tout le bonheur possible (du monde) !
Je te (vous) souhaite un très bon anniversaire.
Tous mes vœux pour ton (votre) anniversaire !
Toutes mes condoléances !
Je vous présente mes sincères condoléances !
Je suis de tout cœur avec vous !
Bien sincèrement !

Légendes

– **photo 10** : une maison bien fleurie.
– **photo 11** : bonne fête ! Bon anniversaire ! Enfin te voilà ! Veux-tu m'épouser ?
– **photo 12** : un monument aux morts dans un village. À la mémoire des soldats tombés pour la patrie. Pour ne pas oublier…
– **photo 13** : vive la mariée ! La mariée est en blanc. Le plus beau jour de sa vie !
– **photo 14** : le carnaval de Nice. Des chars pour fêter le carnaval. Toute la ville est en fête.
– **photo 15** : enterrement (obsèques) au village. Des fleurs sur la tombe.

Faites-le avec des fleurs

Les fleurs embellissent la vie quotidienne et sont associées à tous les rites sociaux. Mais elles ont aussi leur utilité.

– **photo 16** : le miel fabriqué par les abeilles a des goûts différents selon les fleurs qui ont été butinées (acacia, bruyère…). On le mange en tartines, il sert à sucrer le thé ou les tisanes, à parfumer des gâteaux, à faire du pain d'épice…
– **photo 17** : l'industrie du parfum est très savante. Grasse, dans les Alpes Maritimes, est la capitale du parfum. Certains parfums sont très connus : Dior, Chanel, Guerlain, Rochas… Certains parfumeurs créent des parfums nouveaux, ou recréent d'anciens parfums par des méthodes artisanales.
– **photo 18** : on fabrique des liqueurs en faisant macérer des plantes dans de l'alcool. Par exemple, la gentiane, la chartreuse, l'izarra, la bénédictine.
– **photo 19** : pour faire une infusion (ou tisane), on met les plantes quelques minutes (on les fait infuser) dans de l'eau bouillante. Les élèves connaissent peut-être des plantes aux propriétés thérapeutiques. En France, on les achète dans les pharmacies, ou chez les herboristes.

UNITÉ 4

L'objectif de cette unité est l'expression de la postériorité et de l'opposition, à travers quelques tentatives que font les jeunes pour se rendre utiles et les difficultés qu'ils rencontrent.

Suggestion de parcours

	Dialogues	Activités	Grammaire	Cahier
1re étape	D1	A1, 2		
		A3, 4	G1	C3,4
2e étape	D2	A5, 8		
		A6, 7	G2	C5, 6
3e étape	D3	A9, 11		
		A10	G4.1, G4.2	
		A13	G1, G2	
		A14	G3	C1, 2
		A15		

A12, 16 et 17 n'étant pas directement liées au contenu de l'unité, pourront être placées ad libitum.

			Orthographe	
4e étape	Ouvertures			C10
5e étape	Culture et civilisation			
	Pour le plaisir			C7 (cf. U3, G4)
				C8 (cf. U3, G2)

p. 94 Dialogue 1 — Martine promène les chiens

Martine : – **Maman, ne m'attendez pas** pour le dîner. **Je risque d'être en retard**.
La mère : – Où vas-tu, ma chérie ?
Martine : – Je vais promener les chiens de trois vieilles dames qui habitent dans le quartier.
La mère : – Et ensuite ?
Martine : – **Quand j'aurai ramené les chiens** chez leurs propriétaires, j'irai arroser les

plantes de Monsieur Planchu. **Il ne peut plus bouger de son fauteuil**. Et après, **si j'ai le temps, je passerai** à l'association.

La mère : – Je vois. Eh bien, je te laisserai ton dîner au chaud.

Martine : – Merci, maman.

(*Le soir, quand Martine rentre chez elle.*)

Martine : – (*en riant*) **Vous ne savez pas ce qui m'est arrivé ?** Je suis allée promener les chiens des vieilles dames. Je les ai emmenés au square. **Ils se sont échappés** et j'ai eu du mal à les rattraper. Et quand je les ai ramenés, je me suis trompée : j'ai ramené à Madame Lauret le caniche de Madame Souillet et à Madame Souillet celui de Madame Lauret ! **Vous voyez ça d'ici !** Ça les a bien amusées !

La mère : – Heureusement qu'elles habitent à côté l'une de l'autre ! **Quand tu auras dîné**, je te montrerai **l'affiche que j'ai faite** pour votre projet.

Martine : – Quel projet ? On en a tellement !

La mère : – **Celui auquel tu travailles** avec Sylvie.

Martine : – Ah, super !

Ce dialogue présente les activités qu'a Martine au sein de l'association « Tous ensemble » : aider les personnes âgées. Elle explique à sa mère le programme de sa journée et met en ordre (dans le temps) ce qu'elle aura à faire, d'où l'emploi du futur antérieur.

Ce temps apparaît au début "*Quand j'aurai ramené les chiens...*" et à la fin : "*Quand tu auras dîné*".

"*Maman, ne m'attendez pas...*" et non *ne m'attends pas*, parce que Martine pense à son père et à sa mère.

"*Je risque d'être en retard*" : *il est possible que je sois..., je serai probablement en retard, il y a des chances que je sois...*

risquer de est suivi de quelque chose de négatif (tomber, se faire mal, tomber malade, etc.).

"*Il ne peut plus bouger de son fauteuil*" : *il reste assis dans son fauteuil, il ne peut plus marcher* (*bouger, se déplacer*).

"*... si j'ai le temps*" : cf. unité 2, p. 54, le poème "Aurai-je le temps..."

"*... je passerai*" : *j'irai* (*passer* est un verbe employé très couramment. Cela signifie qu'elle n'y restera pas longtemps).

À l'annonce de tout ce que sa fille va faire, sa mère est visiblement satisfaite, pour ne pas dire admirative. Elle soutient son action : elle comprend son retard et lui laissera son dîner au chaud (dans le four, sans doute).

"*Vous ne savez pas ce qui m'est arrivé ?*" : c'est une façon de capter l'attention, un signal qui veut dire *je vais vous raconter quelque chose d'intéressant*. On entend aussi *Devinez ce qui m'est arrivé* et, plus familièrement *Tu sais quoi ?*

Arriver, il m'arrive quelque chose : *un événement s'est produit.*

Pour expliquer la "mésaventure" de Martine, on s'appuiera sur l'image.

"*Ils se sont échappés*" : enfuis. Rattraper : attraper + préfixe r(re) = rejoindre. Quatre actions se succèdent : emmener-s'échapper-rattraper-ramener.

"*Vous voyez ça d'ici !*" : *vous imaginez la scène, la situation*, familièrement, *vous voyez le tableau !*.

"*... l'affiche que j'ai faite*" : *j'ai fait une affiche.*

"*Celui auquel tu travailles*" : *le projet auquel tu travailles* (travailler à).

Les pronoms relatifs avec préposition sont nouveaux.

Ils seront travaillés dans l'activité 14 et la grammaire 3.

1. Peux-tu répondre ?

– Quand elle aura ramené les chiens.

– Non, ils ne l'attendent pas. Elle dînera quand elle rentrera.

– Parce qu'il lui est arrivé une petite aventure, une aventure amusante.

2. Rythme et intonation

Le futur antérieur

On fera attention à l'intonation montante sur *chiens* et *dîné*.

3. À ton tour

Le futur antérieur ⇨ G1

Ce programme est une petite satire de la vie domestique (et du fait que les adolescents sont souvent réticents pour y participer), d'où la plaisanterie d'Olivier : *À mes moments perdus* s'emploie le plus souvent quand justement, on a peu de temps, quand on n'est pas disponible.

On pourra faire apprendre ce programme par cœur, ce qui permettra de mémoriser les verbes.

On fera imaginer une autre fin possible. Exemple :

– Tu n'as pas de peinture blanche, par hasard ?

– Non, pourquoi ?

– Parce qu'à mes moments perdus, je pourrais repeindre le salon !

⇨ **Cahier 3, 4**

4. Complète

Le futur antérieur

Il faudra s'aider de la grammaire 1.2 et du tableau de conjugaison pp. 189-190.

p. 96 Dialogue 2 — Frapper aux portes

Sylvie : – Alors, **à combien nous en sommes ?**

M. Portal : – Nous avons un peu plus de 20 000 francs.

Sylvie : – Ce n'est pas suffisant. Il nous faut **au moins 35 000 F** !

Martine : – **Même si** nous ne les trouvons pas, nous partirons quand même ! À Bucarest, les enfants nous attendent ! Nous ne pouvons pas les **décevoir** !

Sylvie : – Oui, tu as raison.

M. Portal : – Je vous comprends. Et pourtant, vous ne pouvez pas y aller si vous n'avez pas assez d'argent...

Martine : – **On le trouvera !** On n'a pas encore frappé à toutes les portes ! **J'ai déposé un dossier** à la Bourse de l'Aventure de la région. **J'attends leur réponse. Je vais d'ailleurs les appeler quand on aura fini la réunion.** Ah non, il sera trop tard, j'appellerai demain.

Baptiste : – (*qui entre dans la pièce*) La réponse ? Quelle réponse ? De quoi s'agit-il ?

Martine : – Tu sais, le séjour que nous organisons dans les Carpates pour des orphelins roumains et des orphelins français...

Baptiste : – Ah oui, Lise m'en a parlé... **je suis des vôtres** ! **Je veux absolument leur faire faire de la musique, à ces gamins !** Je me charge de trouver des guitares et des flûtes.

Martine : – **Des flûtes de Pan, je suppose !**...

Ce dialogue présente le projet d'emmener des orphelins en Roumanie et les difficultés d'ordre pécuniaire (financier) qu'il présente, d'où l'expression de l'opposition. Martine s'investit beaucoup dans cette action.

"*Frapper aux portes*" : aller à droite et à gauche pour demander de l'aide, le plus souvent, de l'argent.

"*À combien nous en sommes ?*" : combien d'argent avons-nous pour le moment ?

"... *au moins* 35 000 F" : *au minimum*. Ne pas confondre *au moins* et *moins de*.

➩ **A8**

"*Même si*" annonce une opposition : "*quand même... pourtant*".

"*décevoir*" : ne pas répondre à une attente. *Je suis déçu(e) : la réalité est au-dessous de ce que j'attendais.*

Martine se montre pleine de confiance dans l'avenir. Elle est persuadée qu'ils trouveront l'argent nécessaire. "*On le trouvera*" : le futur exprime ici une certitude et surtout, une volonté de réussir.

"*J'ai déposé un dossier*" : *j'ai apporté, donné, fourni un ensemble de pièces.*

"*J'attends leur réponse. Je vais d'ailleurs les appeler*" : *à propos de cette réponse...*

"*quand on aura fini la réunion*" : futur antérieur (cf. dialogue 1).

Baptiste, qui prend la conversation en cours de route, (familièrement *prendre le train en marche*), donne à Martine l'occasion de préciser le projet. Elle ne l'avait pas fait au début de la scène, puisque tout le monde était au courant.

"*Je suis des vôtres*" : expression figée : *vous pouvez compter sur moi, je marche avec vous.*

"*Je veux absolument leur faire faire de la musique, à ces gamins*" : *leur faire jouer de la musique. Gamins* est un mot familier pour enfants, jeunes garçons.

On remarquera la redondance de *leur* et de *à ces gamins*, qui marque l'insistance.

"*Des flûtes de Pan, je suppose*" : instrument très populaire en Roumanie.

> ■ Pan est le dieu grec des bergers et des troupeaux. La flûte de Pan est composée de roseaux d'inégale longueur. Il existe aussi la flûte traversière (celle dont joue Baptiste), en bois ou en métal, dont l'embouchure est percée sur le côté, et la flûte à bec, droite et conique, en bois, avec une embouchure en forme de bec. ■

5. Peux-tu répondre ?

– Non, il leur manque à peu près 15 000 F.

– Oui, auprès de la Bourse de l'Aventure.

– Ils pensent qu'ils partiront quand même ; ils veulent (ils espèrent bien) partir quand même.

Il peut être utile de revoir les nombres : 1 000 (mille) ; 10 000 (dix mille) ; 20 000 (vingt mille) ; 30 000 (trente mille).

6. Rythme et intonation

L'expression de l'opposition

Accent d'insistance sur *même* et sur *pourtant.*

7. À ton tour

L'expression de l'opposition ⇨ **G2**

Exemples :

1. Il n'est pas prêt pour l'examen mais il essaye quand même.
2. Elle est invitée à la montagne et elle vient de se casser la jambe. Elle va y aller quand même : elle restera sur le balcon.
3. Son père n'était pas d'accord avec son projet de voyage mais il est parti quand même.
4. Il n'est pas du tout gentil avec elle mais elle lui écrit quand même tous les jours.

⇨ **Cahier 5, 6**

8. Mon dictionnaire

Au moins

au minimum 35 000 F.

RELAXATION

Comme dans la relaxation de l'unité 3, on sent surtout l'étirement dans l'inspiration.

p. 99

Dialogue 3 — La Bourse de l'Aventure

Martine : – Bonjour, Madame. **Je voudrais parler à la personne qui s'occupe de la Bourse de l'Aventure**, s'il vous plaît.

(...)

– Non, ce n'est pas personnel. **L'association à laquelle j'appartiens m'a chargée de** récolter de l'argent pour un projet.

(...)

– Oui, j'attends... Bonjour, Madame. Je suis Martine Ramirez, de l'association « Tous ensemble ». **Je vous appelle au sujet des vacances** que nous organisons en Roumanie cet été, **vous savez**, pour les **orphelins** roumains et français. Vous avez bien reçu mon dossier ?

(...)

– Ah bon. Mais quand pensez-vous avoir la réponse ?

(...)

– C'est si long que ça !

(...)

– Oui, je vois. **C'est qu'il nous manque** encore environ 15 000 francs. Et les enfants comptent sur nous ! **Vous comprenez, ce sera la première fois** qu'ils partiront en vacances !

(...)

– Merci beaucoup. **Je vous suis très reconnaissante**. **Entendu**, je vous rappelle la semaine prochaine. Au revoir, Madame.

Ce dialogue montre la détermination de Martine, sa capacité à se faire entendre à l'extérieur. Il complète ce qui a été vu dans SOLEIL 2 (unité 6, grammaire 3, p. 167) sur la conversation téléphonique.

En effet, il s'agit ici d'une conversation beaucoup plus formelle, d'ordre administratif avec quelqu'un que l'on ne connaît pas.

"*Je voudrais parler à la personne qui s'occupe de la* Bourse de l'Aventure" : Martine ne connaît pas le nom de cette personne.

Si cela aide l'explication de ce dialogue, on peut faire l'activité 10.

"L'*association à laquelle j'appartiens*" : j'appartiens à une association. Cette association...

"*m'a chargée de...*" : *m'a demandé de.*

Quand Martine parle à la personne qui s'occupe de son affaire, elle se présente, elle et son association.

"*Je vous appelle au sujet des vacances*" : elle précise quel est l'objet de son appel, pourquoi elle appelle. Cela répond à la question C'*est à quel sujet* ?

"*... vous savez...*" Martine est sûre que cette femme est au courant de ce projet.

orphelin : enfant dont les parents sont morts.

"C'*est qu'il nous manque...*" : introduit une explication (c'est parce qu'il nous manque...).

Martine plaide pour sa cause, elle se bat pour que son projet aboutisse : "V*ous comprenez, ce sera la première fois...*".

"*Je vous suis très reconnaissante*" : façon de remercier quelqu'un qui vous apporte une aide notable.

"Entendu" : *très bien, je suis d'accord avec vous* (on entend souvent *d'accord* ou... O.K !).

9. Peux-tu répondre ?

À l'association « Tous ensemble ».

Au sujet des vacances que l'association organise en Roumanie.

Il manque à peu près 15 000 F (dans les 15 000 F).

10. Entre vous

⇨ **G4.1, 4.2**

– C'est personnel ?

(...)

– Je vais voir. Patientez, s'il vous plaît. Je vais appeler (je vous passe) la personne qui s'en occupe.

(...)

– D'ici quelques semaines.

(...)

– Oui, il faut l'autorisation de notre président.

(...)

– Je comprends. Comptez sur moi. Je ferai l'impossible pour vous aider.

11. Mon dictionnaire

C'est très long.

12. Jeu sur la langue

Se faire entendre

Il est important de se faire entendre, de savoir capter l'attention de ses interlocuteurs.

13. Jeu de rôles

Le futur antérieur; l'opposition ⇨ **G1,2**

Réponse ouverte.

14. Expression écrite

Pronoms relatifs avec préposition ⇨ **G3**

1. auxquels (donner à)
2. avec laquelle (aller avec : accompagner)
3. auquel (travailler à)
4. pour lequel (voter pour quelqu'un)
5. pour lesquelles (se battre pour)
6. avec lesquels

Bien entendu, on peut "cumuler". Exemple : *Le projet auquel je travaille et pour lequel je me bats.*

⇨ **Cahier 1, 2**

15. Des mots, des mots, des mots

Déictiques / non déictiques

Aujourd'hui : ce jour-là
hier : la veille
demain : le lendemain

16. Jeu fléché

Mots composés

poisson pilote
bande son
pays membre
chirurgien dentiste
livre phare
exposition vente
camion citerne
machine outil
cassette vidéo
album photo

17. Mots croisés

Horizontalement :

1 : vidéo ; 2 : cassette ; 3 : chirurgien ; 4 : dentiste ; 5 : association ; 6 : poisson ; 7 : membre ; 8 : son ; 9 : rattraper.

Verticalement :

1 : machine ; 2 : pays ; 3 : décevoir ; 4 : livre ; 5 : vente ; 6 : exposition ; 7 : me (ou se) ; 8 : citerne ; 9 : frapper ; 10 : album ; 11 : échappés ; 12 : camion ; 13 : promener.

p. 103

GRAMMAIRE ET USAGE

1. Le futur antérieur

Il s'agit de l'ordre des actions, telles qu'on les anticipe dans le futur.

Cette grammaire récapitule ce qui a été travaillé dans les activités 3 et 4.

Le participe d'un certain nombre de verbes a été étudié dans l'unité 2, grammaire 2-4, p. 47.

2. L'opposition

De même que l'on a situé la conséquence par rapport à la cause, on voit ici l'opposition par rapport à la conséquence.

On peut dire aussi que *quand même* est « un complément de verbe » et que *pourtant* est « un complément de phrase » (d'où sa place en tête de phrase).

3. Pronoms relatifs avec préposition

Cela complète la grammaire 3 de l'unité 3. On peut, à cette occasion, demander aux élèves de récapituler, voire de chercher dans des textes ou dans leurs dictionnaires, des verbes qui se construisent avec des prépositions. On peut également renvoyer au tableau du mémento 3/4, 3.

4. Usages

4.1 Conversation téléphonique

Ces quelques éléments complètent les formules étudiées dans SOLEIL 2 (unité 6, grammaire 3, p. 167).

4.2 et **4.3.** Formules à mémoriser pour être capable de se faire entendre.

p. 105

ORTHOGRAPHE

2. Regarde bien

Trouver est précédé de la préposition **de**.

Dialogue 3. L'association à laquelle j'appartiens m'a chargée **de** récolter de l'argent.

Je vais *commencer* ***par*** arroser les plantes.

Il a couru ***pour*** *attraper* l'autobus.

Elle est sortie ***sans*** *fermer* la porte.

J'ai eu du mal ***à*** *ramener* le chien.

promener et *bouger* ne sont pas précédés d'une préposition (*ne... plus* est une négation).

L'infinitif suit un auxiliaire.

➩ Cahier, orthographe, 5

3. Rappelle-toi : le participe passé employé avec le verbe *être*

s'échapper – se tromper – tomber (en panne) – être pris.

Les deux premiers verbes sont des verbes pronominaux (ils sont conjugués avec un pronom sujet et un pronom complément qui désigne la même personne que le sujet). Cf. SOLEIL 1, mémento 7/8, 2.4, *se déguiser, se débrouiller.* Chercher d'autres verbes déjà connus : *se lever, se laver, se charger de* (cf. dialogue 2 : "*je me charge de*").

les chiens : masculin pluriel.
ma voisine : féminin singulier.
les machines : féminin pluriel.
mon père : masculin singulier.

Les poules se sont échapp**ées**.
Le commerçant s'était tromp**é**.
Les tracteurs sont tomb**és** en panne.
Ma mère est très pris**e** par son travail.

Le participe passé employé avec l'auxiliaire **être** s'accorde avec le sujet du verbe.

➩ Cahier, orthographe, 4

5. Dictée

– Que feras-tu ce soir, Marion ?

– Quand je serai rentrée du collège, je ferai mes devoirs. Quand j'aurai fini mes devoirs, je mettrai le couvert. Quand j'aurai mis le couvert, je dînerai, quand j'aurai dîné, j'écouterai un disque. Quand...

– Et ensuite, j'espère que tu iras dormir !

p. 107 OUVERTURES

Les textes de ce chapitre (la lettre contre la misère et contre les dangers de la circulation automobile) veulent montrer que les jeunes peuvent se rendre utiles dans la société.

La solidarité n'a pas de frontière

Quelques mots à expliquer :

– *solidarité* (rapprocher de *solidaires*, p. 108) : le fait que nous dépendons les uns des autres.

– *une affaire d'adultes* : une affaire qui concerne les adultes. *Affaire*, ici, veut dire : un problème, une chose dont les adultes s'occupent.

– *abandonner* : ne plus s'occuper de.

– *retaper* (familier) : réparer, remettre en état, rénover.

– *braderie* : une vente à bon marché.

Avant de proposer la question 1, demander aux élèves de donner des exemples "d'actions humanitaires" (donner de la nourriture, des vêtements, des médicaments ; héberger les personnes sans-logis, soigner des malades...).

1. Les élèves peuvent répondre oralement à la question, ou y répondre par écrit.

Le texte montre que "l'humanitaire" est aussi l'affaire des jeunes : ils réparent de vieux meubles, font des gâteaux, et les vendent pour gagner de l'argent. Ils donnent cet argent à une association qui s'occupe d'enfants de réfugiés (cf. la photo qui accompagne le texte).

Comme les adultes, les jeunes peuvent se rendre utiles et aider les gens malheureux. Ils peuvent trouver un peu de temps et avoir des idées, comme les jeunes d'Ouleïpo.

Répondre par écrit aux questions 2 et 3.

2. *"Avec la même envie de faire quelque chose pour les autres"* : Nous avions tous la même envie de faire quelque chose pour les autres.

"Pourquoi pas de l'humanitaire ?" : pourquoi ne pas faire de l'action humanitaire ? (ne ferions-nous pas de l'humanitaire ?).

⇨ **Cahier 10**

3.	**sujet**	**complément d'objet direct**
A créé	on	le groupe Ouleïpo
ont retapé	Les copains d'Ouleïpo	les vieilles tables et les vieilles chaises du lycée
ont vendu	ils	des gâteaux
(ont) organisé	ils	des braderies
ont remis	ils	l'argent récolté

On remarquera que le sujet *ils* n'est pas répété devant *organisé* et *ont récolté*, et que l'auxiliaire *ont* n'est pas répété devant *organisé*.

Remarque : On peut décider de proposer la question 1 (par écrit) après les questions 2 et 3, comme un exercice d'expression personnelle.

Tous contre l'insécurité routière !

Les titres de la presse comportent souvent des ellipses. Ici, le titre veut dire : (Soyons) tous contre l'insécurité routière.

Quelques mots à expliquer :

– *il fonce* : il va très vite, il se précipite.
– *double vie* : deux vies (la vie d'un sportif et la vie d'un lycéen).
– *tout s'est précipité* : tout s'est passé très vite.
– *j'ai perdu quatre copains* : quatre copains sont morts.
– *brochure* : un petit bulletin.
– *en herbe* : nouveaux, débutants.
– *trafiquer* : modifier un moteur pour que la voiture ou la moto roule plus vite.
– *sensibiliser* : rendre sensible, faire comprendre.

1. Sébastien veut que les jeunes comprennent les dangers de la route parce qu'il a perdu quatre copains dans des accidents de voiture.

2. Infinitifs avec préposition :
– Je me suis senti obligé (j'ai décidé) **de** faire – **de** profiter – **pour** sensibiliser
– C'est dangereux **de** trafiquer

Infinitifs sans préposition :
il a fait passer

3. Accident → danger   sécurité → prudence

4. route → routière (insécurité routière ; prudence routière)
volley → volleyeur (joueur de volley ball).

5. Jeu fléché

– Des messages de prudence écrits sur des tee-shirts et dans des brochures → pendant les matchs de volley (les compétitions).
– Initiation à la prudence routière → pendant l'entraînement (les stages) des jeunes volleyeurs.
– Apprendre qu'il est dangereux de trafiquer les mobylettes[1] → dans un atelier, avec un technicien.

6. Exemple de message de prudence :

Sur la photo, on peut lire sur les tee-shirts "*kaspa*" (*casse pas, ne casse pas*) *ta vie*".

On pourrait imaginer : *La vie, pas la vitesse !*

1. "mob" est l'abréviation de mobylette, sorte de petite moto.

7. Tous pour la sécurité routière !
Tous pour la prudence routière !

On peut en profiter pour attirer l'attention sur le préfixe **in**, négatif :

sécurité → **in**sécurité   prudence → **im**prudence.

Chercher d'autres exemples : poli → **im**poli   fini → **in**fini (qui n'a pas de fin). cf. p. 51.

8. Entre vous

– J'adore rouler vite en scooter. En ville, je me faufile au milieu des voitures.
– Tu as tort : tu peux écraser un piéton, ou être renversé par une voiture.
– Si j'avais une voiture, je ferais de la vitesse sur l'autoroute.
– La vitesse est interdite parce qu'elle est dangereuse. Tu ne peux pas t'arrêter assez vite. Tu risques un accident grave. Tous les ans, il y a des quantités de morts sur les routes.
– Oui, mais moi je conduirai bien !
– Tout le monde dit ça ! Et puis, tu n'es pas seul(e) sur les routes…

Toutes ces questions peuvent être traitées par écrit, et les réponses mises en commun.

On peut écrire les messages de prudence sur de grandes feuilles de papier, et les afficher dans la classe.

On peut aussi demander aux élèves d'autres idées pour lutter contre les accidents de la route : montrer des photos d'accidents, des statistiques, etc.

« Déclarons la guerre à la pauvreté ! »

Albert Jacquart est un savant (généticien) très connu, qui lutte contre la misère.

1. On peut traiter cette question oralement avec l'ensemble de la classe.

– *les personnes qui n'ont pas de maison* : les sans-logis, ou les sans-abri. Deux mots composés à l'aide de la préposition **sans** + un nom.

logis : rapprocher de loger, se loger (habiter), logement (appartement).

abri : s'abriter, (chercher un abri pour la pluie).

On peut prolonger ce travail en divisant la classe en 4 groupes. Chaque groupe étudie l'un des petits textes et essaie de répondre à une question. Chacun de ces textes développe un titre et exprime l'idée d'Albert Jacquard à propos d'un des malheurs de l'humanité.

– **Misère** : quel danger menace l'humanité ? Que faut-il faire ?
Le danger : la misère, la pauvreté.
Que faire : faire la guerre à la pauvreté (déclarer).

– **Solidarité** : *Autrefois on n'était pas solidaires* veut dire :
on ne faisait pas attention à ce qui se passait très loin de son pays.
on ne dépendait pas des autres pays. ❐

– **Population** : *Il y a un siècle, il y avait quatre fois moins d'hommes sur la terre* veut dire :
Il y avait beaucoup moins d'hommes sur la terre. ❐
La population de la terre a augmenté.

– Exclusion

	Oui	Non
Les sans-abri se sentent de trop.	❒	
Les barbares respectent les autres hommes.		❒
combattre, c'est lutter.	❒	

On mettra en commun les réponses.

Expliquer *exclus, exclusion*. Le préfixe **ex** signifie *en dehors de*. Rapprocher de *extérieur, intérieur*.

Faire remarquer le vocabulaire de la guerre :
- lutter, combattre, déclarer la guerre,
- être en première ligne : être devant, le premier.

2. La deuxième question se fera individuellement, par écrit.

On déclare la guerre à (on combat) la pollution, la maladie, la misère, l'insécurité routière.

On agit pour la santé, l'éducation, le sport, les vacances, les voyages.

On peut organiser un petit débat à ce sujet.

p. 110 Des Images et des Mots

Les trois séries de photographies montrent trois époques différentes :

À gauche, les cuisines

En haut : une cuisine du début du siècle. Les femmes portent des robes longues. L'une d'elles essuie la vaisselle avec un torchon. On voit une cuisinière à bois ou à charbon ; de grandes casseroles sont accrochées aux murs. Sur une étagère, à droite : une cafetière. Au mur : des boîtes pour le sel, des ustensiles (écumoire, louche).

Au milieu : une cuisine vers 1950. Tout est **blanc** (les murs, les appareils ménagers), avec des **formes géométriques**. L'évier est devant la fenêtre. On voit des placards pour ranger la vaisselle, une glacière, une bouilloire (pour faire chauffer l'eau). Sur une table roulante, un service à café. Au premier plan : peut-être un grille-pain. Pour la cuisine : un appareil **à gaz** et un four, probablement **électrique.**

En bas : une cuisine actuelle, d'aujourd'hui. Les machines sont **intégrées** à des placards (à l'intérieur de). Les lignes sont **géométriques**. Tout est net. On voit un évier en métal (inox), une machine à laver la vaisselle, un four électrique, un réfrigérateur. Au milieu : une table de cuisson à gaz sous une hotte aspirante (pour enlever la fumée et les odeurs), une planche à découper. Au mur : une pendule et des ustensiles en bois, pour décorer. En haut des placards : des plats et des plateaux.

Changements : les couleurs, les formes, les machines.

À droite, les salons

En haut, un salon au début du siècle. Une femme est assise dans un fauteuil, une autre est au piano. Il y a **beaucoup de meubles et d'objets**. Au-dessus de la cheminée, un grand miroir (une glace). Par terre (sur le sol), un tapis. Les meubles : table, fauteuils, piano, chaise, consoles... Les objets : tableaux au mur, lustre au plafond, pendule et vases sur la cheminée, lampe, plante verte...

Au milieu, vers 1950. L'espace est beaucoup plus **dégagé**, les formes sont **géométriques**. On voit **peu** de meubles : un canapé, un fauteuil, des chaises autour d'une table carrée, des étagères à livres.

En bas, un salon d'aujourd'hui, sans doute à la campagne. On aperçoit des arbres à l'extérieur et, à droite, la cuisine et un escalier. Le salon est organisé autour de la cheminée. Il est confortable (coussins, tapis). Tous les meubles sont bas : le canapé d'angle, la petite table. On voit des livres, un tableau, un buste.

Changements : moins d'objets, confort plus grand.

p. 111 *Pour le plaisir*

Bruits de la terre de Pierre Menanteau

Ce poème est à dire sur le ton de la confidence, à quelqu'un qui va dormir (cf. le dessin d'illustration) "Je vais te dire un secret !". Il se compose d'une seule phrase, répartie en trois strophes :

1 À l'heure où les grillons
Dans les prés se tairont…

2 À l'heure où les pinsons
Éveilleront l'aurore…

3 Tiens ton oreille ouverte…

Les deux vers "Les entends-tu encore ?"
"Les entends-tu déjà ?"

sont deux incises, à dire tout doucement.

La souris verte est un animal mythique, qui n'existe que dans les comptines ! On ne peut pas la voir, mais on a une chance de l'entendre trotter, entre l'instant où les grillons se taisent et celui où les pinsons commencent à chanter !

Il ne faut surtout pas expliquer le poème, mais le faire apprendre strophe par strophe, en le mimant, après avoir regardé l'illustration.

Comptine : Une souris verte

Une souris verte
Qui courait dans l'herbe
Je l'attrape par la queue
je la montre à ces messieurs
Ces messieurs me disent
Trempez-la dans l'huile
Trempez-la dans l'eau
Ça deviendra un escargot tout chaud.

Pierre Menanteau (1895-?)

Professeur, puis inspecteur, et poète : *Ce joli temps de demoiselle*, *L'Arbre et la Maison*, *Le cheval de l'aube*, *De chair et de feuille*.

Il a composé des recueils de poèmes pour les enfants : *Bestiaire*, *Herbier*, *Légendaire pour un enfant poète*, *Chansons venues par la fenêtre*, et des anthologies pour l'école primaire.

Petite flamme de Jean Tardieu

Les six premiers vers sont un dialogue avec la petite flamme.

Qu'est-ce qui fait éteindre la petite flamme ? La pluie, le vent (verbe *venter*). Au soleil, elle est inutile (le soleil suffit : on n'a pas besoin de la flamme).

La nuit : "*dort tout le monde*" : tout le monde dort. "*On n'y voit goutte*" : on n'y voit rien.

Les deux derniers vers tirent la conclusion : *Donc à la fin…*

La petite flamme fragile est inutile. On peut penser qu'elle symbolise la vie (*mourir* se dit aussi *s'éteindre*).

Faire dire le poème en groupant les vers deux par deux.

Jean Tardieu (1903-1995)

Son père était peintre, sa mère musicienne. Il fait des études de Droit et de Lettres. Il travaille à la Direction des musées nationaux et publie son premier recueil, *Le Fleuve caché* (1933). De 1940 à 1944, il participe à l'activité littéraire clandestine. À partir de 1946, il fonde un "club d'Essai" à la radio, où il recherche un nouveau langage radiophonique. Il est ensuite directeur de ce qui deviendra France Musique, puis conseiller de la direction. Essayiste, critique d'art, il est avant tout un homme de théâtre et le poète de *Monsieur Monsieur*, *Un mot pour un autre*, *Théâtre de chambre*, *Le fleuve caché*, *Da capo*.

Comment devenir champion de football en mangeant du fromage de J. Charpentreau.

Texte humoristique autour de la publicité, qui montre des enfants démunis et astucieux.

p. 114

CULTURE ET CIVILISATION

Au fil de l'eau

"*Au fil de l'eau*" est une expression qui désigne le courant, le mouvement de l'eau. En suivant les ruisseaux, les rivières et les fleuves, on peut contempler leurs rives : la végétation de montagne le long de la cascade (**photo 3**), un vieux moulin au bord d'une rivière (**photo 6**). La Petite France (**photo 5**) est un vieux quartier célèbre, au bord de l'Ill, à Strasbourg. Célèbre aussi, le Palais des Papes, à Avignon (**photo 4**).

Beaucoup de châteaux ont été construits sur les rives de certains fleuves, en particulier des châteaux Renaissance au bord de la Loire, ou à proximité (Chambord, Chenonceaux, Blois, Amboise…).

Sur la **photo 2**, on voit le château de Chenonceaux, construit sur un bras de la Loire. Faire observer l'architecture : petites tours (tourelles), grandes fenêtres, ornements.

Le château de Monfort, sur la **photo 1**, est un ancien château fort : le village est groupé autour des fortifications. Il a dû être modernisé ou reconstruit, car on y voit aussi de grandes fenêtres.

Sur la carte, les élèves pourront repérer le Tarn et le Lot, autres affluents de la Garonne. Voir aussi la photo 8, p. 59.

On pourra repérer sur la carte les affluents des autres fleuves : Seine, Loire, Rhône.

Autrefois et aujourd'hui

Faire observer successivement les photos 7 et 8, puis les photos 9 et 10.

– **7 et 8** : l'architecture métallique de la gare d'Orsay est toujours visible sur la photo 8, qui montre l'intérieur du musée. La pendule subsiste aussi ! On voit qu'on a ajouté des éléments légers, pas très élevés, pour loger ou supporter les œuvres d'art.

– **9 et 10** : sur ces photos, on ne voit que l'extérieur du bâtiment, mais on constate qu'il a été restauré (le toit, les murs...).

L'ensemble des monuments du passé s'appelle le *patrimoine*. Sa conservation et son utilisation provoquent bien des discussions.

– **D'après ceux qui sont contre** : ce sont des opérations coûteuses, les transformations ne respectent pas toujours le caractère de l'édifice : il devient plus beau mais il perd la patine du temps, ou bien il perd de sa vie...

– **D'après ceux qui sont pour** : le monument est sauvé, on ne le détruit pas, il s'adapte à notre époque, il continue à vivre, l'histoire se transmet ainsi, en se transformant, aux générations futures...

Activité suggérée : les élèves exprimeront à leur tour leur opinion, oralement ou par écrit : "Je pense que... ; je trouve que... ; à mon avis, ... ; pour moi...".

Art, sport et santé

Cette page veut montrer tous les degrés du sport, du plus simple (marcher ou courir dans la nature (**photo 11**) au plus élaboré, la gymnastique acrobatique (**photo 14**). Le patinage artistique (**photo 15**), et la danse (**photo 16**) sont des arts. Certains sports se pratiquent dans la rue : basket de rue (**photo 12**), planche à roulettes (skate board), **photo 13**. Le garçon que l'on voit sur cette dernière photo est presque un acrobate.

On fera identifier chacun des sports ou des arts évoqués par chaque photo et on les écrira :

12 : le basket de rue
13 : la planche à roulettes
14 : la gymnastique acrobatique
15 : le patinage artistique
16 : la danse (exercice à la barre)

Faire lire le petit texte extrait du *Lampadaire*.
– *défavorisés* : pauvres
– *marginaux* (singulier : *marginal*) : les gens qui vivent en marge de (à côté de) la société, qui n'ont pas de travail, qui ne peuvent donc pas s'assumer (payer un loyer, leurs impôts...), ou qui ne respectent pas les lois.

Le sport sert-il seulement à rester en bonne santé ?

Cette question peut être traitée collectivement, en classe. Les élèves peuvent aussi y répondre par écrit. C'est l'occasion d'exprimer (d'avancer) quelques arguments.

Exemple : Bien sûr, le sport sert à rester en bonne santé, mais c'est d'abord un plaisir, une occasion de vaincre des difficultés et de se vaincre soi-même. Il permet de devenir résistant et courageux. Il est valorisant : on remporte des succès. Le sport collectif permet aussi d'être intégré à une équipe et de se faire des amis (il développe l'esprit d'équipe), etc.

p. 118

MÉMENTO 3/4

1. Relations logiques : cause, conséquence, opposition

La conséquence et l'opposition sont les résultats réels d'une action. L'opposition exprime un résultat moins attendu.

On demandera aux élèves de proposer un ou deux exemples pour illustrer la cause, la conséquence et l'opposition. Exemple :

cause : *Il n'a pas du tout travaillé cette semaine,*
conséquence : *il a raté son interrogation d'histoire.*
opposition : (*pourtant, mais*), *il a eu une bonne note (en histoire).*

L'intonation est importante et permet de faire l'économie de *mais, quand même* ou *pourtant.*

2. Relations temporelles : le futur antérieur

Le plus-que-parfait et le futur antérieur sont comparables, d'abord parce qu'ils font appel aux auxiliaires *avoir* et *être* ainsi qu'au participe passé ; ensuite parce qu'ils expriment l'antériorité, l'une dans le passé, l'autre dans le futur.

3. Pronoms relatifs

Exemples de phrases avec pronoms relatifs :

Unité 3 Dialogue 2 : ... aux musiciens **qui** n'ont pas d'endroit...
Dialogue 3 : je vais donner la parole à F. M. **qui** a fait un reportage...
le groupe de jeunes **dont** vous allez nous parler...
Il y a une équipe... **qui** distribue...

Unité 4 Dialogue 1 : ... de trois vieilles dames **qui** habitent...
je te montrerai l'affiche **que** j'ai faite...
celui **auquel** tu travailles
Dialogue 2 : Tu sais, le séjour **que** nous organisons
Dialogue 3 : Je voudrais parler à la personne **qui** s'occupe...
L'association **à laquelle** j'appartiens
... au sujet des vacances **que** nous organisons

4. Pronoms *y, en*

Ces quelques verbes très usuels, qui se construisent avec **y** ou **en**, doivent être mémorisés. On peut aussi demander aux élèves de rechercher des exemples dans l'unité 3 :

Unité 3 Dialogue 1 : j'**y** arrive
Dialogue 2 : j'ai envie d'**en** mettre ; mets-**en**

5. *Faire, laisser* + infinitif

Alors que la grammaire 2 de l'unité 3 insistait sur la construction de ces expressions, on présente ici les sens différents qu'elles sont susceptibles d'avoir. C'est évidemment le contexte et la situation qui déterminent ces sens. Par exemple, il est d'usage que les jeunes enfants ne se couchent pas trop tard ; c'est pourquoi la phrase *On me laisse regarder la télé très tard* est comprise comme *on me permet de...*

Es-tu savant ?

EXERCICE 1

1. Une voiture a failli l'écraser, l'a presque écrasé, son maître (sa maîtresse) a eu très peur.
2. Résultat : les plages sont dégoûtantes.
3. si bien que j'avais la tête qui tournait, que j'étais un peu "parti(e)[1]".
4. Ce sera un lieu de travail pour les artistes.
5. Conclusion : les oiseaux reviendront.
6. Ils travaillent toute la journée sans se fatiguer.

EXERCICE 2

mais il ne s'est pas perdu, il ne s'est pas fait écraser, rien de grave n'est arrivé.

EXERCICE 3

Je me lèverai tôt. D'abord, je préparerai mon contrôle d'histoire. Quand je l'aurai préparé, je ferai un shampooing au chien. Quand je l'aurai fait, je ferai une partie de tennis. Quand je l'aurai faite (finie), je rentrerai à la maison. Quand je serai rentré(e), je rangerai mon bureau. Quand j'aurai rangé mon bureau, j'arroserai les fleurs. Quand je les aurai arrosées, je regarderai l'émission sur les volcans. Quand je l'aurai regardée (quand elle sera finie), j'éteindrai la télé, puis je fermerai les volets. Quand je les aurai fermés, j'irai me coucher. Ouf ! Une journée bien remplie !

EXERCICE 4

1. à laquelle... dont
2. que... qui... pour lesquels
3. avec laquelle... qui
4. auquel... avec qui
5. qui... à qui

EXERCICE 5

1. Oui, j'y ai pensé.
2. Oui, j'y vais.
3. Oui, j'y suis allé(e).
4. Oui, je m'en souviens (je me souviens de lui).
5. Oui, j'y suis arrivé(e).
6. Oui, j'en viens.

1. être un peu "parti" : état d'euphorie quand on a un peu trop bu.

EXERCICE 6

1. : 2
2. : 1
3. : 1
4. : 2
5. : 1
6. : 1

Orthographe

1. propre
bizarre
heureux (heureuse)

2. porté
allés
oublié
arrivés
partie
pris, prise
prêtées
achetés
resté

3. appris, mis, pris, permis, compris
écrit
lu, su, vu
fait
ri

4. annoncé, fini par se poser
allée chercher
approchés, commencé à chanter, joué
ramener, rester
emporter
se reposer, rentré

Unité 5

Comme dans l'unité 2, l'objectif principal de cette unité se concentre autour des relations temporelles, qui s'expriment à propos d'un voyage mouvementé.

Suggestion de parcours

	Dialogues	Activités	Grammaire	Cahier
1re étape	D1	A1, 2, 3		
		A4	G1.1, G1.2	C3, 4, 7
		A5		
		A6	G2	
2e étape	D2	A8		
		A9		
		A10	G1.3	C3
		A11	G1.4	C4,8
3e étape	D3	A12		
		A13	G3	C1
		A 14, 15, 17		C10
		A18	G5	C5, 6
		A19	G4	C2
			Orthographe	

Les activités 7 et 16 n'étant pas directement liées au contenu de l'unité, pourront être placées ad libitum, de même que la grammaire 6.2.
La grammaire 6.1 sera consultée chaque fois qu'il s'agit d'exprimer une opinion.

4e étape : Ouvertures — C pp. 60-62

5e étape : Culture et civilisation — C p. 64, 1-2-3
Pour le plaisir

Le titre de l'unité, « *Les voyages forment la jeunesse* », est une expression toute faite, comme « L'*argent ne fait pas le bonheur mais il y contribue* » ou « *Il n'y a pas de fumée sans feu* ».

p. 122 Dialogue 1 — Un voyage qui tourne court

Pierre : – Regardez ! Ici, c'est déjà le printemps : tous les arbres sont en fleurs !

Martine : – Oui, c'est vrai. **Quand nous serons arrivés à Toulouse**, **nous irons immédiatement à l'auberge de jeunesse déposer nos sacs**. Et ensuite, nous irons retrouver le groupe qui vient d'Espagne.

Lise : – Et quand partirons-nous camper ?

Martine : – Après-demain.

Pierre : – Qu'est-ce que tu as, Baptiste, tu es **tout pâle** !

Baptiste : – **J'ai de plus en plus mal** au ventre ! **Aïe, aïe, aïe** !

Martine : – **Depuis quand, tu as mal au ventre ?**

Baptiste : – **Depuis quelques jours**. Depuis lundi dernier, exactement.

Lise : – **Quoi !** Tu as mal depuis **plusieurs** jours et tu n'as rien dit !

Baptiste : – **J'avais peur de ne pas partir**... Oh la la, **ce que j'ai mal**, c'est dingue ! Et puis je crois que j'ai de la fièvre.

Martine : – **J'ai bien peur que ce soit l'appendicite**. Je connais : ma sœur a été opérée l'année dernière.

Le contrôleur : – Les billets s'il vous plaît. Vous allez tous à Toulouse ?

Martine : – Oui, en principe, mais **justement**, Monsieur, **il faut qu'on descende** avant. Notre camarade souffre beaucoup. **Il faut qu'on l'emmène** à l'hôpital.

Le contrôleur : – **L'hôpital le plus proche** est à Brive. On y arrive dans vingt minutes. Vous pensez que vous pourrez marcher, jeune homme ?

Baptiste : – Non, je ne crois pas, j'ai trop mal !

Le contrôleur : – **Alors, je vais prévenir qu'on vous attende à la gare**.

Comme l'image le montre, la scène se passe dans le compartiment d'un train.

> ■ Les TGV n'ont plus de compartiment. Les places sont réparties à droite et à gauche d'un long couloir central. ■

Les jeunes qui sont en route pour Toulouse où ils doivent retrouver un autre groupe qui vient d'Espagne, vont devoir interrompre leur voyage à cause de Baptiste. D'où le titre du dialogue. "*Tourner court*" : s'arrêter brusquement, s'interrompre.

Pierre, qui aime la nature (on le verra aussi dans le dialogue 3), fait remarquer les signes du printemps : les arbres en fleurs.

Martine, moins poétique, s'impose comme organisatrice en chef et précise leur programme. "*Quand nous serons arrivés à Toulouse...*" : le futur antérieur a été vu à l'unité 4.

"*Nous irons à l'auberge de jeunesse déposer nos sacs*" : *pour laisser nos sacs* (qui sont lourds).

On trouvera une information sur les auberges de jeunesse dans la rubrique Culture et civilisation, p. 151.

"*tout pâle*" : *très pâle, complètement, absolument pâle.*

L'adverbe *tout* peut accompagner certains adjectifs : *tout jeune, tout ému, tout entier, tout fait, tout petit, tout nu, tout seul, tout naturel, tout gentil.* Mais on ne dit pas *tout méchant, tout sympathique.*

"*J'ai de plus en plus mal*" : *mon mal de ventre augmente, mon ventre me fait de plus en plus mal.*

"*Aïe, aïe*" : onomatopée pour dire qu'on a mal. On dit aussi *ouille* (cf. SOLEIL 1, p. 182).

"*Depuis quand tu as mal au ventre ?*"

"*Depuis quelques jours*" : Baptiste commence par répondre d'une façon un peu vague (il ne sait pas exactement, ou il n'est pas très fier de lui d'être parti en ayant déjà mal...), puis il précise "*Depuis lundi dernier exactement*".

Lise est très surprise ("*Quoi !*") et transforme *quelques jours* en *plusieurs jours*.

Sur la différence entre *quelques* et *plusieurs*, voir unité 6, grammaire 3.

"*J'avais peur de ne pas partir*", c'est une bonne occasion de familiariser les élèves avec l'infinitif négatif.

"*Ce que j'ai mal !*" (cf. unité 3, grammaire 5.2)

Martine émet un avis avec autorité : "*J'ai bien peur que ce soit l'appendicite*" et explique d'où lui vient son assurance : sa sœur a été opérée l'année précédente, elle est donc capable d'en reconnaître les symptômes.

> ■ On trouvera un peu plus loin d'autres subjonctifs : "*il faut qu'on descende*" et "*Il faut qu'on l'emmène*".
>
> Le contrôleur est un employé qui contrôle les billets. Il vérifie par exemple que les personnes qui se trouvent en 1re classe ont bien un billet de 1re classe. ■

"*justement*" : à propos, à ce sujet.

"*L'hôpital le plus proche*" : le superlatif relatif et le superlatif absolu seront étudiés à l'unité 6, grammaire 4.

"*Alors, je vais prévenir qu'on vous attende à la gare*" : *Alors* marque un lien de conséquence avec ce que vient de dire Baptiste. Le contrôleur va téléphoner à la gare pour prévenir qu'on les attende (subjonctif).

1. Peux-tu répondre ?

– En principe, ils vont à Toulouse. Leur destination est Toulouse.

– En fait, ils sont descendus à Brive.

– Parce que Baptiste a de plus en plus mal au ventre. Ils ont peur que ce soit l'appendicite.

2. Regarde bien

Il a très mal : il souffre beaucoup.

3. Rythme et intonation

Exclamation

Exclamation qui exprime une douleur violente.

4. Regarde bien

Relations temporelles ⇨ **G1.1, 1.2**

Quand nous serons arrivés, nous irons...

Et quand partirons-nous camper ?

Depuis quand tu as mal au ventre ?

Depuis quelques jours. Depuis lundi dernier.
Tu as mal depuis plusieurs jours...
On y arrive dans vingt minutes.
Et aussi : *ensuite, après-demain, l'année dernière.*

⇨ **Cahier 3, 4, 7**

5. Peux-tu répondre ?

– Non, il avait déjà mal quand il est parti. Il a commencé à avoir mal il y a quelques jours.
– Oui, il a de plus en plus mal.
– Dans vingt minutes.

6. À ton tour

Expression du but

⇨ **G2**

... pour déposer nos sacs.

7. Mon dictionnaire

Synonymes du mot *peur*

On peut tenter un classement par ordre croissant dans l'intensité de la peur, mais celui-ci est toujours discutable parce que les manifestations de la peur sont liées aux situations et aux personnes. Exemple : quelqu'un peut rester cloué sur place, terrorisé ou, au contraire, s'enfuir, épouvanté.

Exemple de classement :
l'appréhension, la crainte, l'affolement, l'épouvante, la panique, la terreur.

RELAXATION

Exercice plus subtil à ressentir. Insister en tout cas sur la régularité de la respiration. En profiter pour en faire prendre conscience pour que cela puisse servir à tout moment dans la journée.

p. 126

Dialogue 2 « Tout est bien qui finit bien »

À *la gare*
Un infirmier : – C'est vous le malade ?
Baptiste : – Oui, attention, j'ai mal !
Martine : – Tu viens, Lise, on l'accompagne. **Pendant ce temps**, vous autres, allez au syndicat d'initiative. Il faut qu'on trouve un endroit pour dormir. **Le moins cher possible**.
Isabelle : – L'auberge de jeunesse ?
Martine : – Non, **c'est trop cher** ! Il faut aussi qu'on téléphone à Toulouse pour prévenir.

Pierre : – Je vais le faire tout de suite. J'ai **ma carte** sur moi. On vous retrouve dans une heure à l'hôpital.

À l'hôpital

Le chirurgien : – **On vous attendait** Oui, **ça m'a bien l'air** d'une appendicite. Vite, en salle d'op[1] ! Prévenez l'anesthésiste que le malade est arrivé !

(à Martine et Lise) **Et surtout, ne vous inquiétez pas !** Ce ne sera pas long, dans **une petite heure**, il ouvrira les yeux (il se réveillera).

Une infirmière qui passe : – **Pendant qu'on l'opère, vous devriez aller** à la cafétéria, ça vous fera passer le temps !

Dans la salle d'attente de l'hôpital

Martine : – **Ce que c'est long ! Ça fait déjà plus d'une heure qu'il est là-dedans !** Et les autres ? **Je me demande ce qu'ils fabriquent[2] !** Ah, justement, les voilà !

Pierre : – Alors, qu'est-ce que c'était ?

Lise : – Martine avait raison, c'était l'appendicite. On l'a opéré **en urgence**. Heureusement qu'on s'est arrêtés à Brive !

Isabelle : – L'opération dure **depuis combien de temps** ?

Martine : – En principe, elle dure une heure, mais ça fait maintenant une heure vingt qu'il est là-bas.

Isabelle : – Pendant le voyage, **qu'est-ce qu'il a dû souffrir ! Ce que je ne comprends pas, c'est qu'il n'ait rien dit !**

Pierre : – **Moi, ce qui m'étonne, c'est que ses parents n'aient rien vu !** À propos, il faut qu'on les prévienne !

Lise : – C'est fait. Ils arrivent demain.

Le chirurgien – **Il y a dix minutes que votre ami est réveillé. Tout s'est bien passé**. Vous pouvez aller le voir maintenant, mais une seule personne à la fois.

Martine : – Il va rester combien de temps à l'hôpital ?

Le chirurgien : – Oh, **il est avec nous pour quelques jours** seulement, quatre à cinq, on verra…

Lise : – Bon, vous pouvez partir, maintenant. Moi, je vais rester avec lui. Il y a un fauteuil dans la chambre.

Martine : – Ça, c'est une bonne idée. À demain, Lise.

Le titre du dialogue est lui aussi un aphorisme, figé : peu importe les péripéties, ce qui compte, c'est la fin, la conclusion, le résultat.

Ce dialogue se passe dans trois endroits différents : à la sortie de la gare, à l'entrée de l'hôpital de Brive, dans la salle d'attente.

On partira de l'image où l'on voit deux infirmiers porter Baptiste sur un brancard (une civière).

Martine continue à commander : elle ira avec Lise à l'hôpital, les autres s'occuperont de trouver un endroit pour dormir.

"*Pendant ce temps*" montre que deux actions se passent en même temps. On verra plus loin "*Pendant qu'on l'opère*".

■ Le syndicat d'initiative : comme au bureau de tourisme, on y trouve des renseignements sur la ville et sur la région (liste d'hôtels, endroits à visiter, calendrier des fêtes, transports, etc.). ■

"*Le moins cher possible*" : sur le superlatif, voir unité 6, grammaire 4.

"*C'est trop cher*" pour nous, nous ne pourrons pas payer. Sur la différence entre *très* et *trop*, voir unité 6, grammaire 5.

1. en salle d'opération. – 2. ce qu'ils font.

■ La carte de téléphone a remplacé les jetons dans les téléphones publics. Il y en a deux, une qui coûte environ 50 francs, l'autre qui coûte 100 francs. Elles s'achètent dans les bureaux de poste et les bureaux de tabac. ■

"*On vous attendait*" : on nous a prévenus de votre arrivée.

Il examine rapidement Baptiste (lui prend le pouls, lui tâte le ventre...) et diagnostique une appendicite : "*ça m'a l'air*" : *cela / ça a l'air de, cela / ça ressemble à, c'est probablement*. C'est suffisamment urgent pour qu'on l'envoie aussitôt en salle d'opération. Puis il rassure Martine et Lise : "*Et surtout, ne vous inquiétez pas !*"

"*une petite heure*" et non *une heure* : moins d'une heure, même pas une heure.

"*Pendant qu'on l'opère*". Rappeler *pendant ce temps*.

"*vous devriez aller...*", l'infirmière leur conseille d'aller à la cafétéria pour se détendre, pour que le temps leur semble (paraisse) moins long.

Apparemment, Martine et Lise ne sont pas allées à la cafétéria. Elles n'en avaient peut-être pas envie, et puis elles ont rendez-vous avec leurs camarades.

"*Ce que c'est long !*" Rappeler "*Ce que j'ai mal !*" (dialogue 1)

"*Ça fait déjà plus d'une heure qu'il est là-dedans !*" : Martine s'impatiente et la "*petite heure*" qu'annonçait le chirurgien est devenue "*plus d'une heure*".

"*là-dedans*" : dans la salle d'opération.

"*Je me demande ce qu'ils fabriquent !*". *Fabriquer* (familier) s'emploie à la place de *faire*, le plus souvent pour marquer l'impatience (*Qu'est-ce que tu fabriques ? Dépêche-toi !*).

Lise et Martine vont raconter ce qui s'est passé.

"*en urgence*" : *tout de suite, très vite*.

"*depuis combien de temps*" insiste sur la durée alors que "*depuis quand*" (dialogue 1) insiste sur le point de départ de l'action (ici, avoir mal).

"*qu'est-ce qu'il a dû souffrir !*" : *il a sûrement beaucoup souffert*. (cf. unité 3, grammaire 5.2)

"*Ce que je ne comprends pas, c'est qu'il n'ait rien dit*" et "*Moi, ce qui m'étonne, c'est que ses parents n'aient rien vu !*" : procédés de mise en valeur, présents surtout à l'oral. On les étudiera à l'activité 18 et à la grammaire 5.

"*Il y a dix minutes que votre ami est réveillé*" : *il est réveillé depuis dix minutes*.

"*Tout s'est bien passé*" est une expression courante pour dire que tout s'est déroulé normalement, que tout va bien.

"*Il est avec nous pour quelques jours*" : *pour* indique le futur (*je pars pour une semaine*).

■ Cela peut coexister dans un récit avec un passé. Exemple : *Il était parti pour une semaine mais il a dû rentrer plus tôt*. ■

8. Peux-tu répondre ?

– C'est Lise et Martine.
– Elles attendent dans la salle d'attente. Elles s'impatientent. Elles trouvent le temps long.
– Les autres sont allés chercher un endroit pour dormir, un toit pour la nuit.
– Environ une heure, un peu plus d'une heure, une bonne heure.
– Oui, elle s'est bien passée.
– C'est Lise.

9. À ton tour

dans un petit moment, une petite minute, une petite semaine, un petit mois.

10. Regarde bien

Relations temporelles ⇨ **G1.3**

Ça fait déjà plus d'une heure qu'il est là-dedans.
Ça fait maintenant une heure vingt qu'il est là-bas.
Il y a dix minutes que votre ami est réveillé.

Il est là-dedans depuis plus d'une heure.
Il est là-bas depuis une heure vingt.
Votre ami est réveillé depuis dix minutes.

On remarquera l'ordre des mots.

⇨ **Cahier 3**

11. Jeu de rôles

Relations temporelles ⇨ **G1.4**

Il permet, avec l'aide du libre-service, d'utiliser les expressions temporelles, soit dans le passé, soit dans le futur.

⇨ **Cahier 4, 8**

p. 130 Dialogue 3 — Un gîte d'étape

Pierre : – Il va bientôt faire nuit mais on voit encore la forêt au bout du champ. Demain matin, j'irai y faire un tour. Vous sentez comme ça sent bon ?
Martine : – Oui. **Elle est rudement bien, cette grange !**
Pierre : – Oui, il y a de la place pour tout le monde.
Martine : – **Vous avez eu du mal à trouver ?**
Pierre : – Oui, un peu. Au syndicat d'initiative, ils voulaient nous mettre dans deux gîtes différents. **Ils étaient tous trop petits**. Celui-ci, c'est le plus grand.
Martine : – Et puis, qu'est-ce qu'il fait chaud ! Je suis **morte de fatigue** !
Isabelle : – Moi aussi. Dites donc, où sont **les toilettes** ?
Pierre : – Tout autour de toi : c'est la nature ! (*Rires*) **Non, je blague**, c'est à gauche en sortant. Mais le fermier a dit qu'on pouvait aussi aller aux W.C. de la ferme. **À condition de ne pas déranger.**

Martine éternue.
Martine : – Est-ce que quelqu'un peut me passer un mouchoir ?

Pierre : – Tiens, en voilà un paquet. Garde-le, j'en ai plusieurs. **Vous entendez le cri de la chouette ?**

Isabelle : – Moi, j'entends surtout les grillons… Dites donc, **j'espère que personne ne ronfle !**

Pierre : – Tu sais ce qu'il faut faire si quelqu'un ronfle ? Il faut siffler.

Isabelle : – Je ne sais pas siffler…

Sur les gîtes d'étape, voir p. 151.

Ici encore, Pierre montre à quel point il aime la nature : il se propose d'aller en forêt et il remarque les odeurs de la campagne. Martine répond avec le sens pratique qu'on lui connaît : "*Elle est rudement bien* (familier pour *très bien*) *cette grange* !". En effet, ce n'est pas elle qui l'a choisie, puisqu'elle était à l'hôpital.

"*Vous avez eu du mal à trouver* ?" : *ça a été difficile de trouver cet endroit* ?

"*Il étaient tous trop petits*" : *pas assez grands*. Faire chercher dans le dialogue 1 "*j'ai trop mal*" (pour marcher) ; dans le dialogue 2 "*c'est trop cher*" (pour nous).

"*morte de fatigue*" : *très, extrêmement fatiguée*.

"*Les toilettes*", on dit aussi les W.C. (abréviation de l'anglais water-closet).

Pierre se moque gentiment d'elle (familièrement, *il la met en boîte*) et lui répond que les toilettes sont dans la nature. Puis il se reprend "*Non, je blague*" (familier) : *je plaisante*.

Le fermier autorise les jeunes à aller aux W.C. de la ferme, (celui du gîte d'étape ne suffira peut-être pas car ils sont nombreux) mais "à condition de ne pas déranger". S'ils dérangent, par exemple si c'est trop tard, alors il faut qu'ils se contentent des W.C. du gîte.

La chouette et les grillons se font entendre la nuit, à la campagne. Cela surprend les jeunes citadins.

"*j'espère que personne ne ronfle* !". Dans la langue courante, on dit plutôt *j'espère que personne ronfle*.

12. Peux-tu répondre ?

– Dans une grange.

– Le syndicat d'initiative.

– Parce que c'est trop cher.

– Très bien, grande, chaude.

– Il faut siffler.

13. Mon dictionnaire

à condition de ne pas faire de bruit ⇨ **G3**

Si vous ne faites pas de bruit.

14. Rythme et intonation

Accent d'insistance sur *morte*.

15. À ton tour

Exclamations

Ce qu'il fait chaud !
Comme il fait chaud !2
Qu'il fait chaud !

⇨ U3, G5.2

16. Jeu sur la langue

Répondre "à côté"

1. Elles ont l'air confortables
2. Tu n'as pas un peu grossi ?
3. Il est très gentil.
4. Elle était très nourrissante.
5. À propos d'argent, tu sais que le prix des transports va augmenter ?

17. Des mots, des mots, des mots

1. Expressions avec des couleurs

– *voir la vie en rose* : être optimiste
– *voir tout en noir* : être pessimiste
– *rire jaune* : rire sans en avoir envie
– *voir rouge* : se mettre en colère
– *faire grise mine* : se montrer de mauvaise humeur

⇨ Cahier 10

2. Construction de l'adjectif

Je suis heureux d'apprendre la naissance de ton bébé (que tu as eu une petite fille).
Je suis malheureuse de ne pas avoir de ses nouvelles.
Je suis furieux d'avoir oublié mon livre à la maison.
Je suis certaine que tu réussiras.
Mon petit frère est capable de voyager seul.

18. Expression orale

Procédés de mise en valeur

⇨ G5

Ce que je ne comprends pas, c'est qu'il soit toujours en retard.
Ce qui m'étonne, c'est que l'opération dure si longtemps.

Ces expressions de mise en valeur peuvent aussi être suivies d'un substantif. Exemple : *Ce que je ne comprends pas, c'est son retard.*

➪ **Cahier 5, 6**

19. Expression écrite

Indicatif et subjonctif

➪ **G4**

quittera – soit – ne puisse pas – revienne – sera – pourra.

p. 134

GRAMMAIRE ET USAGE

1. Relations temporelles

1.1 *Depuis / il y a*

C'est une révision de la 2e année. Le fait qu'avec **depuis**, le verbe soit au présent et qu'avec **il y a**, il soit au passé composé, peut aider l'élève à comprendre que dans le premier cas, l'action dure encore et que dans le deuxième cas, elle est terminée.

Il y a marque un moment précis du passé ; (pour une date précise, on dit ***le*** *14 juillet 1889*, ***en*** *1889*).

■ Bien sûr, *depuis* peut accompagner un passé. Exemple : *J'habitais Paris depuis deux ans quand je me suis marié(e)*. On remarque qu'il s'agit de l'imparfait et non du passé composé.

Cette remarque semble toutefois prématurée à ce niveau. ■

1.2 *Il y a / dans*

On oppose ici le passé et le futur. D'une certaine façon, ***dans*** est l'équivalent dans le futur de ***il y a*** dans le passé : les deux conjonctions se réfèrent à un moment du passé ou du futur plutôt qu'à une durée. À cet égard, ***il y a*** s'oppose à ***depuis, il y a… que, cela fait… que*** (voir 1.3) qui expriment des durées. ***Dans*** s'oppose à ***pour*** (voir activité 11, LS) qui exprime également une durée.

1.3 *Depuis, il y a… que, cela (ça) fait… que*

Ces conjonctions sont équivalentes du point de vue du sens ; seule la construction les différencie, ***depuis*** étant suivi d'un substantif (***depuis que*** sera abordé à la grammaire 1 de l'unité 6).

1.4 *Pendant + nom, pendant ce temps, pendant que*

On peut faire la même remarque que ci-dessus : du point de vue du sens, ces conjonctions sont équivalentes : elles indiquent la simultanéité de deux actions.

La compréhension (sinon l'emploi) de ces conjonctions temporelles pourra se faire à travers les questions des activités "Peux-tu répondre ?" et, plus particulièrement les activités 4, 9, 10, 11.

➪ **Cahier 3, 4, 8**

2. Le but

Dans la grammaire 1 de l'unité 1, on a comparé les questions sur le but et sur la cause (*pour quoi faire, pourquoi*). Ici, on insiste sur la construction très fréquente qui consiste à juxtaposer un infinitif avec valeur de but à un autre verbe. Exemple : *Je suis venu(e) t'aider, te donner des idées.*

3. La condition

Les conjonctions *à condition de, à condition que* sont un peu plus expressives que *si*, déjà étudié à l'unité 1, grammaire 2.

La phrase *je t'emmènerai au cinéma à condition que tu aies fini ton travail* exprime plus fortement le lien conditionnel entre les deux éléments que *je t'emmènerai... si tu as fini...*

Cette distinction entre le cas où deux verbes ont le même sujet et celui où deux verbes ont deux sujets différents est importante à retenir car elle détermine aussi le choix entre *pour* + infinitif / *pour que* + subjonctif ; *afin de* + infinitif / *afin que* + subjonctif ; *il faut* + infinitif / *il faut que* + subjonctif.

⇨ **Cahier 1**

4. Le subjonctif

Autres exemples avec *il faut que* :

Dialogue 1 *Il faut qu'on l'emmène à l'hôpital.*

Dialogue 2 *Il faut aussi qu'on téléphone à Toulouse.*
À propos, il faut qu'on les prévienne.

Autres exemples suivis du subjonctif :

Dialogue 2 *Ce qui m'étonne, c'est que ses parents n'aient rien vu.*

Mais aussi : *Ce dont j'ai peur, c'est qu'il soit malade.*
Ce que je n'accepte pas, c'est que tu sois toujours en retard.
Ce que je ne veux pas, c'est que tu sortes le soir en semaine.

On a retenu dans cette grammaire le subjonctif des verbes les plus usuels, même s'ils sont irréguliers.

⇨ **Cahier 2**

5. Mise en valeur du verbe : *ce qui..., c'est...; ce que..., c'est...*

Le sujet de la phrase 1 : *l'histoire.*

Le sujet de la phrase 3 : *connaître (des gens nouveaux).*

En 1, le sujet est un nom (un substantif) ; en 3, c'est un verbe à l'infinitif.

La place du verbe : en 1, le verbe est à la fin de la phrase ; en 2, il apparaît avant le sujet mais après *ce qui* ; en 3, le verbe est à la fin de la phrase ; en 4, il est avant le sujet (*connaître des gens nouveaux*) mais après *ce qui.*

Phrases dans lesquelles le verbe est mis en valeur : 2 et 4.

Complément d'objet direct dans la phrase 5 : *l'histoire.*

Complément d'objet direct dans la phrase 7 : *étudier (l'architecture)*.

En 5, le complément d'objet direct est un nom ; en 7, c'est un verbe à l'infinitif.

La place du verbe : en 5, en tête de phrase ; en 6, il est avant le complément d'objet, mais après *ce que* ; en 7, il est en tête de phrase ; en 8, il est avant le complément d'objet (être architecte) mais après *ce que*.

Phrases dans lesquelles le verbe est mis en valeur : 6 et 8.

⇨ Cahier 5, 6

6. Usages

6.1 Exprimer une opinion, un sentiment, une impression

Ces expressions, utiles pour parler de soi, de ce qu'on pense ou sent, méritent d'être mémorisées. On pourra s'y référer au moment de faire certaines activités ou d'étudier certains textes.

6.2 Rassurer quelqu'un

On fera bien attention à l'intonation.

p. 137 ORTHOGRAPHE

3. Les adverbes de manière

Dialogue 1 : justement ;

Dialogue 2 : justement, seulement ;

Dialogue 3 : rudement.

⇨ Cahier, orthographe, 2

4. Le présent du subjonctif

Dans le cas du verbe *avoir* et du verbe *être*, les terminaisons sont **ions** et **iez**, et non pas **ons** et **ez**.

6. Dictée

La campagne est belle, les arbres sont en fleurs. Mais il faut partir immédiatement : il faut que nous soyons à l'hôtel avant la nuit.

p. 139 OUVERTURES

À la rencontre des peuples de l'eau

Donner le texte à lire silencieusement. Les élèves peuvent répondre à toutes les questions par écrit, soit en classe, soit à la maison. Bien entendu, on peut aussi y répondre en travail oral collectif.

De toutes façons :

– On fera toujours justifier chaque réponse en s'appuyant avec précision sur le texte.

– On ne donnera pas toutes les questions à traiter en une seule fois, mais une ou deux seulement. En revanche, on se montrera exigeant sur la qualité de la réponse et sur l'orthographe.

1. Vrai ou faux ?

La 1re question vérifie la compréhension du texte.

– Vrai : il y a beaucoup d'oiseaux (*de nombreux oiseaux migrateurs*).

– Faux : les garçons ne partent pas avec les hommes dans la forêt (*nous ne pouvons pas les suivre pour des raisons de sécurité : c'est dangereux*).

– Faux : la mère d'Arthur ne voulait pas qu'il fasse partie du 2e groupe. Elle est ravie (très contente) qu'Arthur ne reparte pas.

– Vrai : Il habite Marseille et va au collège Thiers.

2. *"Arthur a bien voulu nous confier des extraits de son journal de bord : il décrit l'organisation de l'expédition"*.

– *a bien voulu* : a accepté, a eu la gentillesse de…

– *confier* : dire. On confie un secret. En principe, on écrit un journal pour soi. Le journal de bord renseigne sur ce qui se passe à bord d'un bateau. Dans un journal intime, on raconte ce que l'on fait, mais on exprime aussi ses pensées, ses sentiments.

On aurait pu dire plus simplement : *Voici des extraits (des passages) du journal de bord d'Arthur.*

– *"confie-t-elle"* : dit-elle. Cela veut dire qu'elle a accepté de se confier au journaliste, d'exprimer ses sentiments.

3. Cause et but

Cause : *Nous ne pouvons pas les suivre pour des raisons de sécurité* (parce que c'est dangereux).

Ici, *pour* n'exprime pas le but, mais la cause. On pourrait dire : à cause de l'insécurité, à cause du danger.

But : *Nous tournons un film pour* (dans le but de) *faire partager notre expérience, pour montrer aux adultes ce que nous avons eu la chance de vivre.*

4. Arthur aurait dû écrire : *Il y a d'une part le travail scolaire… D'autre part, le reste du temps est organisé ainsi…*

Mais il serait mieux d'écrire : *Il y a d'une part le travail scolaire, d'autre part les autres activités*, ce qui crée une symétrie syntaxique (deux substantifs).

On peut faire trouver et écrire d'autres exemples avec *d'une part* et *d'autre part.*

Exemple : *Dans ce magazine on trouve d'une part, des informations, d'autre part, des jeux.*

D'une part et *d'autre part* mettent en évidence une opposition et une symétrie. On les emploie donc soit avec deux verbes, soit avec deux noms.

5. La vie de l'équipage

1er groupe : à terre, au village.

– chez les Imraguen, les garçons vont à la pêche, les filles s'occupent de la famille.

– en Guinée Bissau, filles et garçons restent au village (les garçons ne peuvent pas aller dans la forêt).

2e groupe : il observe et étudie les animaux.

3e groupe : il travaille sur le bateau.

Tous les jeunes font du travail scolaire (*"Le reste du temps est organisé ainsi : l'équipage est divisé en trois groupes"*).

6. Les sentiments d'Arthur

- il a envie de pleurer (*il a bien du mal à retenir ses larmes*) ;
- il est heureux de vivre cette aventure (*"nous en voyons malheureusement la fin"* : malheureusement, elle va finir).
- il aimerait faire partie du 2e voyage (*"Déçu de ne pas être du voyage..."*).

7. Le temps passe trop vite quand :

- Tu regardes un film passionnant.
- Tu es avec ton meilleur ami.

Le contraire de *trop vite* : *pas assez vite.*
Pour Arthur, *"le temps passe trop vite à bord"* : il ne s'ennuie pas, il voudrait que le voyage dure plus longtemps.

8. Une aventure est un voyage passionnant, qui comporte des risques et des dangers.

Pour Arthur, ce voyage est une aventure parce qu'il part en voilier, sans ses parents, dans un pays éloigné. Mais ce n'est pas une vraie aventure dans la mesure où les risques sont très limités. Tout est organisé pour que les jeunes soient en sécurité, et pour qu'ils continuent leur travail scolaire.

Sur la trace des corsaires

Les deux textes groupés sous ce titre proposent la présentation et le programme d'un séjour pour les jeunes en Bretagne.

■ La Bretagne s'appelle aussi l'Armorique. Les côtes d'Armor sont les côtes de la Bretagne. ■

1er texte

La 1re et la 2e question opposent tradition et modernisme. On a peut-être intérêt à y répondre en classe en travail collectif.

1. La tradition, c'est tout ce qui rappelle et continue le passé.

Le modernisme, c'est plutôt l'avenir.

2. Faire deux colonnes au tableau et les remplir avec l'aide des élèves.

	Bretagne traditionnelle	**Bretagne moderne**
Musique	biniou	rock
Bateaux	sardinier	catamaran
Activités	coucher dans le foin (herbe sèche)	faire de la planche à voile, du kayak en mer
	traire les vaches	faire du vélo
	manger des crêpes arrosées de cidre	
	danser une gavotte	
	les corsaires	

3. Cette question sera plutôt traitée par écrit, individuellement.
– Présent de l'indicatif : (La Bretagne) *équilibre* ; (nous) *aimons* ; (nous) *entraînons*.
– Présent du subjonctif : (pour que chaque jour) *soit*.
– Infinitif : *coucher, traire, manger, voir, danser, s'essayer, s'initier, pédaler, concilier*.

2e texte : Programme

1. *Accueil* : on vous accueillera
installation : vous vous installerez
baignade : vous vous baignerez.

Le nom est remplacé par le verbe conjugué qui lui correspond. On l'accompagne du sujet et du complément d'objet direct.

La première partie de la question peut être traitée collectivement, la deuxième partie, individuellement et par écrit : chaque élève aura une phrase à réécrire.

Exemple : – *Vous vous initierez* (verbe *s'initier* = apprendre, au futur) *au kayak de mer*.

– *Vous ferez une randonnée… ; vous dormirez sous la tente…* (il n'y a pas de verbe qui corresponde à "*nuit*") ; *les repas seront préparés sur le feu*.

– *Vous vous initierez à l'escalade… ; on vous transférera* (verbe *transférer*, 1er groupe)… *et vous descendrez la rivière… ; vous dormirez et vous bivouaquerez* (de verbe *bivouaquer*).

– *Il y aura une grande grillade… ; vous dormirez à la belle étoile* (dehors).

– *Vous ferez une escalade, vous vous baignerez et vous rangerez le camp. Le séjour finira à 16 heures.*

2. Chaque élève peut répondre à cette question en se servant du texte et des réponses à la question précédente :

– s'initier, initier (quelqu'un)
– escalader
– descendre (le verbe est connu)
– entraîner, s'entraîner
– séjourner
– ranger
– se baigner

Saltimbanque d'un été

Alors que les textes précédents sont rédigés surtout en phrases nominales (la première partie est publicitaire, la seconde est un programme), *Saltimbanque d'un été* se présente comme un récit, suivi lui aussi d'un programme.

L'élève peut étudier ce texte de façon autonome. Il doit chercher seul les réponses, soit en classe, soit à la maison.

1. Qui écrit ?

La personne qui raconte dit "*je*". Elle n'est pas seule ("*nos*", "*nous*").

"*Nous avons appris...*" montre que ce n'est pas un animateur (un moniteur) qui écrit, mais un jeune qui participe au séjour. On ne sait pas s'il s'agit d'un garçon ou d'une fille : *comédiens, jongleurs, copains* sont au masculin pluriel. Cela peut vouloir dire que tous sont des garçons, ou que des garçons et des filles sont ensemble.

2. Celui (ou celle) qui raconte – le narrateur – écrit le soir du 9ᵉ jour.

"*saltimbanques 9ᵉ jour*" : c'est le 9ᵉ jour que nous sommes des saltimbanques, nous sommes des saltimbanques depuis 9 jours.

"*La lune est déjà haute*" (il fait nuit) ; "*je vais dire bonsoir*" ; "*dans cette nuit paisible*".

3. Avant : les jours précédents, les jeunes n'ont pas chômé (ont beaucoup travaillé). Ils ont appris à devenir comédiens, jongleurs, acrobates, musiciens, costumiers, mais aussi à allumer le feu et à faire la cuisine. Ils ont vécu en pleine nature, ils se sont baignés, ils ont ri.

Ils viennent de donner leur premier spectacle.

4. Le lendemain, ils partiront en tournée (ils voyageront et donneront leur spectacle), la jument Suzanne tirera la roulotte, et l'aventure continuera.

5. Verbes au présent : (la lune) *est* ; (nos deux tipis) *émettent* ; (nous) *partons* (présent à valeur de futur) ; (l'aventure) *continue*.

Verbes au passé composé : *nous n'avons pas chômé ; nous avons appris ; nous avons joué.*

Pour compléter, futur : (Suzanne) *tirera* ; futur proche : (je) *vais dire bonsoir.*

6. Ce texte est un journal intime (cf. le journal de bord d'Arthur, ci-dessus). Au lieu d'écrire la date du jour (exemple : mardi 7 juillet), le narrateur fait le décompte du séjour (ou du stage) : *Saltimbanques 9ᵉ jour.*

7. D'après le texte et l'image, le **saltimbanque** est un artiste, pas très riche, qui se déplace en roulotte et qui donne des spectacles. Il fait des tours d'adresse, des acrobaties, en public, dans les foires.

Quelques explications complémentaires

– *orchestrée* : accompagnée.
– Le Val d'Auzun est une vallée des Pyrénées.
– *un torrent* : un cours d'eau en montagne.
– *en lisière* : au bord, à la limite.
– *l'hébergement* : l'endroit où on est logé.

⇨ **Cahier, pp. 60, 62**

p. 143 Des Images et des Mots

– p. 143, ordre des photos : 3 – 1 – 2

Un jeune couple part en voyage à bicyclette. Ils ont de nombreux bagages. Ils font le tour du monde. Pendant le voyage, une petite fille naît. Ils continuent le voyage avec elle et roulent même dans le désert de sel. Le voyage se termine à Paris, devant l'Arc de Triomphe.

> ■ Pendant deux ans ils ont économisé et beaucoup rêvé. Le 1er avril 1980, Françoise et Claude Hervé, elle, décoratrice, lui, prothésiste, étaient fin prêts. Avec 80 000 francs, des vélos à leurs mesures et une bonne dose d'inconscience, la balade pouvait commencer. Retour dans les trois ans... Quatorze ans ont passé, 5 000 jours de petite reine à travers le monde entier. Coût du voyage : 503 crevaisons, 89 pneus, quelques bonnes sueurs, et des froides, 35 000 photos et... un bébé ■

– p. 144 : 1 C ; 2 A ; 3 B

3. Exemples de légende (photo B)

– Une roulotte insolite...
– Un train qui n'est pas un TGV !
– Savoir prendre son temps !
– Comme un maharadjah...
– C'est mieux que l'autobus !
– On domine la situation...

p. 145 Pour le plaisir

Poèmes

Difficile ! de Maurice Carême

Le poème repose sur une série d'absurdités. Il est construit en deux strophes, qui s'opposent.

- Dans la première, il y a une série de conditions, exprimées à l'imparfait : *si... si... si... je serais... le premier.*
- La deuxième strophe, au présent, reprend terme à terme chacune des impossibilités, et tire la conclusion : "*c'est pourquoi... je demeure là*".

raboter : le menuisier rabote les meubles. On peut mimer le verbe.

Expliquer préalablement *cancrelat* (insecte) et *cancre* (le mauvais élève, le dernier de la classe).

On dit qu'on "*sèche*" sur un problème quand on ne sait pas le faire.

Après avoir dit ou fait écouter le poème, faire repérer les voyelles finales pour la première strophe, puis pour la seconde.

Apprendre d'abord la première strophe, en détachant chaque fois le *si* et en mettant en valeur les deux vers de conclusion.
Apprendre ensuite la deuxième, sur un ton désolé.

L'image pourra aider : on y voit les oies patiner, et le garçon rêver, alors qu'un autre derrière, est en train de travailler.

Maurice Carême (Wabre, Brabant, en Belgique, 1899 - Bruxelles, 1978)

Né dans une famille très pauvre, il devient instituteur, et poursuit longtemps sa double activité d'enseignant et de poète avant de se consacrer à son œuvre. Celle-ci est très abondante. Entre autres : *Mère*, *Femme*, *La Lanterne magique*, *La Maison blanche*, *Volière*, *Le Voleur d'étincelles*, *Pigeon vole*, *L'Oiseleur*, *La Cage aux grillons*, *L'Oiseau bleu*... En 1968, il reçoit le grand prix international de poésie. En 1972, il est couronné "Prince de la poésie". Certains de ses poèmes ont été mis en musique par Darius Milhaud, Francis Poulenc, etc.

L'ours de Robert Desnos

Ce poème est une comptine. À l'exception de la rime *miel* et *ciel*, il n'y a qu'une seule rime en "*age*". Le sens est ici moins important que le son. Elle est construite autour de "*Bisque* ! *Bisque* ! *Rage* !", expression employée par les enfants quand ils veulent faire "bisquer" quelqu'un. "*Bisquer*" : faire bisquer, faire enrager quelqu'un, s'amuser à le mettre en colère. La "bisque" est aussi un potage, ce qui explique le vers suivant.

On s'adresse à une femme, désignée par "*tu*", à qui on ne promet que des malheurs, alors que le grand ours et la grande ourse sont très heureux, lui dans sa cage, elle dans le ciel !

Les *gages* : le salaire, l'argent qu'on gagne en travaillant.

Pour faire apprendre le poème, ne pas hésiter à scander les rimes et le rythme (7 syllabes dans chaque vers), qui aideront à le retenir.

Robert Desnos (Paris 1900 - camp de Terezin, République tchèque, 1945).

Après des études médiocres, il est commis chez un droguiste. Il entre dans l'équipe surréaliste de "Littérature" et devient le principal animateur des expériences du "laboratoire de recherche surréaliste". Après sa rupture avec André Breton et le mouvement surréaliste, en 1930, il se livre jusqu'à la guerre à des activités diverses dans le journalisme, le cinéma et la radio. De 1940 à 1944, il participe à la Résistance, est déporté à la fin de l'Occupation et meurt du typhus dans le camp de concentration où on l'avait interné.
Il avait publié *La Liberté ou l'Amour* en 1927, *Corps et biens* en 1930. Après sa mort parurent *Chantefleurs* et *Chantefables*, écrites peu de temps avant son arrestation, ainsi que le recueil *Domaine public*.

Knock de Jules Romains

Cette pièce est une satire de la médecine et ce passage en est un bon exemple.

On peut rapprocher ce texte de *Le Malade imaginaire* et de *Le Médecin malgré lui* de Molière.

Après audition, on peut faire jouer quelques passages de la scène, en ayant fait apparaître clairement la situation : la paysanne se sent devenir malade sous l'influence du médecin !

p. 149 CULTURE ET CIVILISATION

Des couleurs dans la ville

Photo 1. *Les boîtes aux lettres sont jaunes. Les boîtes aux lettres ? Elles sont jaunes.*

Remarque. On dit : *le matériel des pompiers est rouge. En rouge, le matériel des pompiers* (**photo 3**) sous-entend *le matériel des pompiers est peint en rouge.*

Les garçons sont en bleu (sont habillés en bleu) (**photo 2**), et non pas : *les garçons sont bleus* !

Ce sont les très jeunes enfants que l'on habillait en bleu (les garçons) ou en rose (les filles) (**photo 2**). "*Les choses ont bien changé !*", car, aujourd'hui, on ne fait plus attention à cette distinction, et on choisit les couleurs en fonction de ses goûts. D'une façon générale, la mode pour les jeunes enfants est très proche de celle des adultes (par exemple, le port du jean).

Les élèves pourront comparer avec les couleurs traditionnelles dans leur propre pays.

Voyager en France

Le thème de ces pages est lié à celui du dialogue 2, p. 126, et du dialogue 3, p. 130, et, plus généralement, à celui de l'unité 5 tout entière, qui évoque des déplacements ou des voyages insolites, plus ou moins aventureux.

Dans cette rubrique, il s'agit de voyages plus classiques, et plutôt d'hébergement (de logement) que de moyens de transport. On présente une gamme d'hébergements (de l'hôtel au refuge de montagne), du plus luxueux (**photo 6**) au meilleur marché (les refuges non gardés sont gratuits).

1. On fera observer les photos avant de lire les textes descriptifs. Les élèves pourront déchiffrer certaines expressions :

– Negresco (**photo 6**), hôtellerie (**photo 7**), chambres d'hôte (**photo 8**), gîte d'étape (**photo 9**), et faire quelques hypothèses sur le confort ou le genre de vie qui y sont liés. Voir dialogue 3 ; voir aussi, p. 151, la classification des hôtels par le nombre d'étoiles.

2. Faire lire les textes.

Donner quelques précisions de vocabulaire :

– *le couchage* (du verbe *coucher*),
– *sanitaires* : toilettes et douches,
– *sommaires* : plus que simples, rudimentaires,
– *une étape* : un arrêt d'une nuit ou d'une journée,
– *l'hôte* : le propriétaire, la personne qui accueille, reçoit, est responsable de la bonne marche des choses,
– *un refuge* (du verbe *se réfugier*) : un abri, un endroit où on est en sécurité.

3. Poser quelques questions de compréhension.

Exemple :

	Vrai	Faux
– dans une chambre d'hôte, on ne voit jamais les habitants de la ferme.		❒
– dans un gîte d'étape, on peut passer toutes ses vacances.		❒
– dans un refuge non gardé, il y a des couvertures et des repas tout prêts.		❒
– l'hôtel Negresco est un palace quatre étoiles.	❒	

4. Demander ensuite aux élèves où ils préfèrent loger, à la campagne :

– dans un hôtel,
– dans un camping,
– dans une ferme auberge,
– dans un gîte rural,
– dans un gîte d'étape,
– dans un refuge de montagne.

Faire justifier la réponse. Exemple :

– Je préfère (je préférerais), ce que je préfère, c'est le camping : c'est moins cher, et j'aime me réveiller dans la nature.

– J'aimerais loger dans un gîte d'étape, pour être dans la nature, et rencontrer d'autres randonneurs.

– Mes parents ont l'habitude de louer un gîte rural dans le Lot. C'est ce que je préfère : nous sommes indépendants, et j'ai l'impression d'habiter ma maison à la campagne.

Etc.

⇨ **Cahier, p. 64, 1-2-3**

Quelques métiers

La restauration

Les élèves liront la description de chaque métier et la feront correspondre à chacun des personnages représentés sur la photo.

On pourra demander un commentaire : la **restauration** (de *restaurant*, et de *se restaurer*, c'est-à-dire *manger, se nourrir*) est une activité très organisée. Les fonctions sont hiérarchisées. On peut comprendre le mot *hiérarchie* en regardant la photo : du métier qui implique le plus de responsabilités (une seule personne : le restaurateur) à celui qui en suppose le moins (l'apprenti).

Les agences de voyage

C'est la présentation d'un métier. Faire lire silencieusement le texte, puis faire classer les aspects positifs et négatifs du métier.

Aspects positifs :
– beaucoup de jeunes travaillent dans des agences,
– ils peuvent améliorer leur situation (la promotion, c'est le fait d'être promu, d'obtenir un meilleur emploi).

Aspects négatifs :
– les salaires sont bas (les employés sont mal payés),
– on demande beaucoup de qualités,
– les employés ne voyagent pas.

Faire énumérer les qualités requises :
– avoir fait des études ("*bonne formation générale*"),
– connaître un peu de géographie ("*notions de*"),
– bien connaître l'informatique ("*maîtrise, maîtriser*"),
– connaître au moins une langue étrangère,
– avoir un bon contact avec la clientèle (être aimable, gentil, avec les clients).

On peut faire jouer de petits dialogues humoristiques entre un élève qui voudrait travailler dans une agence de voyage et la personne qui recrute (embauche).

Exemple : le candidat ne parle aucune étrangère, il croit que Moscou est en Amérique du Sud, il fait des bêtises avec l'ordinateur…

Ou au contraire, il parle dix langues sans accent, mais il n'est pas aimable, etc.

UNITÉ 6

Cette dernière unité est sous le signe de l'ouverture : le groupe va éclater, chacun partant vers de nouvelles rencontres, de nouvelles activités, et pour certains, de nouveaux pays.

Suggestion de parcours

	Dialogues	Activités	Grammaire	Cahier
1re étape	D1	A1, 2		
			G5	
		A3	G3	
2e étape	D2	A4,5	G4	
		A6		
		A7	G2	
		A8,9	G1.1	C1,2
3e étape	D3	A10, 11, 12		
		A13	G1.2	C3
		A14, 15	G6	C7, 8
		A16, 18, 19		
			G7	
	N.B. A14 et 16 ne seront pas faites le même jour. A17, 20 et Orthographe ne relevant pas directement du contenu de l'unité, pourront être placées ad libitum.			
	Orthographe			
4e étape	Ouvertures			
5e étape	Culture et civilisation			C pp. 79-80
	Pour le plaisir			

p. 154 Dialogue 1 — La collecte des livres

Lise : – **On a encore combien de rues à faire ?**
Pierre : – **Encore quelques-unes.**
Lise : – Je commence à être fatiguée ! Depuis qu'on est partis, on ne s'est pas arrêtés une minute !

Baptiste : – Et puis c'est toujours la même chose : on entre, on sonne chez la gardienne, on dit : « Bonjour Madame, on vient chercher les livres que les gens ont donnés, merci madame, au revoir madame, **gna gna gna**...

Pierre : – Non mais écoutez **l'artiste** qui parle : **il ne veut faire que des tâches nobles !**

Lise : – **Mais *c'est* une tâche noble**, récolter des livres et les distribuer aux gens qui n'en ont pas ! **Cela dit**, on est fatigués !

Pierre : – Bon d'accord. On s'arrête un moment. J'ai un peu d'argent sur moi, on va acheter du jus de fruit au premier magasin qu'on voit. En attendant, on continue.

Lise : – Tu as dit qu'on avait encore **plusieurs** rues ?

Pierre : – Mais non, seulement deux ou trois. **Le plus dur est fait. D'ailleurs**, les caddies sont presque pleins...

Lise : – Oui, **le mien commence à être trop lourd pour moi** !

Baptiste : – Prends le mien ! Il est moins chargé, je crois...

Lise : – Merci, c'est sympa.

Pierre : – **Ah, faibles femmes !**

Lise : – **Oh toi, ça va hein !**

L'image aidera à faire imaginer la scène.

"*On a encore combien de rues à faire ?*" : *il nous reste encore combien de rues ?* Dans *combien de rues devons-nous encore aller ?*

"E*ncore quelques-unes*" : Pierre ne précise pas combien.

L'attitude de Baptiste, un peu méprisante, est repérable dans l'intonation. "G*nagnagna*" : onomatopée pour dire qu'on se répète, que ce qu'on dit n'a rien d'intéressant.

Pierre le remet à sa place en l'appelant "*l'artiste*" (parce qu'il joue de la flûte ?).

"I*l ne veut faire que des tâches nobles*" : *seulement des tâches nobles.*

Lise le soutient : "M*ais **c'est** une tâche noble*" (le contraire de *corvées*, cf. SOLEIL 1, unité 3, p. 53). On remarquera l'accent d'insistance sur *c'est*.

"*Cela dit*" : *mais, pourtant.* C'*est une tâche noble, mais* (*pourtant*) *on est fatigués ; on est fatigués quand même.*

Comme d'habitude, c'est Pierre qui prend les décisions, ici, celle de s'arrêter un moment.

Lise, qui est fatiguée, reprend ce qu'a dit Pierre plus haut mais transforme "*quelques-unes*"(rues) en "*plusieurs rues*".

Pierre lui remonte le moral (l'encourage) : "L*e plus dur est fait*" : *nous avons fait le plus dur, maintenant, ça va être facile.*

"D'*ailleurs*" : *de plus.*

"L*e mien commence à être trop lourd pour moi*" :

Pierre se moque d'elle : "A*h, faibles femmes* !"

> ■ En effet, on appelle le sexe masculin "le sexe fort" et le sexe féminin "le sexe faible". Cette répartition entre les sexes n'est évidemment plus acceptée par les femmes d'aujourd'hui ! ■

"O*h toi, ça va hein* !" pour remettre quelqu'un à sa place, est connu depuis SOLEIL 1.

1. Peux-tu répondre ?

– Non, ils ne se sont pas arrêtés une minute.
– Non, il trouve qu'il est monotone, que c'est toujours la même chose, qu'il n'a aucun intérêt.
– Lise pense que c'est une tâche noble et utile.
– Oui, ils vont s'arrêter un moment.

2. Rythme et intonation

Dans la première phrase, on sent la fatigue de Lise.
Dans la deuxième, on fera attention à l'ironie.

3. À ton tour

Quelques, plusieurs

⇨ G3

1. quelques
2. plusieurs
3. plusieurs
4. quelques

p. 156

Dialogue 2

La grande nouvelle

(*Au siège de l'association*)
Martine : – Ah vous voilà ! On commençait à s'inquiéter !
Pierre : – On était fatigués, alors on s'est arrêtés dans un square. On a marché pendant au moins trois heures !
Martine : – **En vous attendant**, on a commencé à décharger nos livres. **Après, il faudra qu'on les trie**.
Lise : – **Et qu'on fasse des paquets**.
Pierre : – Et qu'on les distribue. **On a du pain sur la planche !**
Lise : – **Le caddie le plus rempli**, c'est celui de Baptiste !
Sophie : – Bravo, Baptiste ! **Tu es le plus fort !**
Lise : – **Et le plus galant !**
Martine : – **Est-ce que vous avez eu des refus ?**
Lise : – Oui, on en a eu deux ou trois.
Martine : – Nous, on en a eu plusieurs. Il y a même des gens qui ont refusé de nous ouvrir la porte…
Pierre : – C'est dingue ça ! On avait pourtant prévenu qu'on passerait…

Sylvie : – Bonjour tout le monde ! Désolée d'arriver si tard mais j'avais une **affaire importante** à régler.
Pierre : – Oui, on connaît : un petit cinéma ou un petit rendez-vous…

Sylvie : – **Oui, justement, un rendez-vous**... à l'ambassade du Portugal. (*Silence*) **J'ai une grande nouvelle à vous annoncer.**

Baptiste : – Tu te maries ?

Sylvie : – Comment tu as deviné ?

Baptiste : – C'est pas difficile avec **les nanas** !

Lise : – Non, mais écoutez-le ! Et pourquoi l'ambassade du Portugal ?

Sylvie : – Parce que j'épouse un Portugais. Il s'appelle Ricardo.

Martine : – Qu'est-ce qu'il fait ? Il est prof ?

Sylvie : – Non, il a une affaire d'informatique.

Martine : – Alors, il est riche ?

Sylvie : – Non, pas du tout. **Il commence juste**. **En fait**, il a plutôt **des dettes**...

Lise : – Et il est beau ?

Sylvie : – Oui, **il est pas mal**...

Baptiste : – Moi aussi, j'ai quelque chose à vous dire mais je vous invite tous chez moi samedi prochain et je vous le dirai à ce moment-là.

Lise : – Qu'est-ce qu'il y a ? Tu te maries, toi aussi ?

(*Rires*)

Ce dialogue se divise en deux parties : avant l'arrivée de Sylvie, les jeunes se retrouvent et se racontent ce qu'ils ont fait ; quand Sylvie arrive, le sujet de la conversation se porte sur tout autre chose, une grande nouvelle...

"*En vous attendant*" : *pendant qu'on vous attendait.*

"*Après, il faudra qu'on les trie*... *Et qu'on fasse des paquets.*" : on remarquera le subjonctif après "*il faudra que*".

"*On a du pain sur la planche*" : expression figée qui veut dire *on a beaucoup de travail, on a beaucoup à faire.*

"*Le caddie le plus rempli* ; *Tu es le plus fort* ! *Et le plus galant* !" : on remarquera les superlatifs, qui seront étudiés p. 105.

"*Est-ce que vous avez eu des refus* ?" (on dit aussi, en langage châtié, *essuyer un refus*) s'explique par la réplique suivante. Pierre ne comprend pas ces refus parce qu'ils avaient prévenu les gens de leur passage (en leur écrivant, ou par téléphone).

Sylvie arrive, sûre d'elle et pas gênée du tout d'interrompre tout le monde. Cela s'appelle au théâtre "faire son entrée" !

Pierre ne prend pas au sérieux son "*affaire importante*" et plaisante. Mais Sylvie le prend au mot : "*Oui, justement, un rendez-vous*...".

Pour être sûre d'avoir le maximum d'audience, d'attirer l'attention de tout le monde, elle dit "*J'ai une grande nouvelle à vous annoncer*".

Baptiste devine aussitôt. Il pense sans doute que les filles ("*les nanas*", familier) ne s'intéressent qu'au mariage...

Martine pense que Ricardo est professeur parce que Sylvie est dans l'enseignement. Elle s'imagine que parce qu'il a une affaire d'informatique, il est riche. Or, il n'en est rien et Sylvie explique pourquoi : "*Il commence juste*" (il vient de commencer).

"*En fait*" : *à vrai dire, pour être juste, pour être exact(e).*

"*avoir des dettes*" : *devoir de l'argent, avoir emprunté de l'argent,* par exemple à une banque.

"*Il est pas mal*" veut en fait dire ici (avec une certaine intonation) *il est bien physiquement, il est beau.*

Baptiste a lui aussi une nouvelle, mais ce sera pour plus tard.

Lise plaisante en lui demandant si lui aussi se marie (alors qu'il n'a que 14 ans !).

4. Peux-tu répondre ?

– que Sylvie se marie.
– Oui, ils en ont rapporté.
– Ils les ont déchargés.
– Parce qu'il lui a pris son caddie qui était plus chargé que le sien (dialogue 1).

⇨ G4

5. Rythme et intonation

Intonation admirative.

⇨ G4

6. Mon dictionnaire

Avoir du pain sur la planche

On a beaucoup de travail.

7. À ton tour

Avoir une nouvelle à annoncer

Exemple : J'ai réussi le concours de la Bourse de l'Aventure. Je pars pour trois mois dans les mers du Sud.

⇨ G2

8. Complète

Relations temporelles : *depuis que*

⇨ G1.1

1. je comprends beaucoup mieux les films français à la télé.
2. je fais du piano.
3. je n'ose plus arriver en retard.
4. je vais plus souvent voir mon cousin qui habite à New York.
5. je ne m'ennuie plus le dimanche.
6. je suis beaucoup plus musclé(e).

9. Complète

Relations temporelles : *depuis que*

⇨ G1.1

1. son chat est mort,
2. j'ai eu 14 ans.
3. j'ai ma mobylette,

4. qu'on m'en a cassé un.
5. qu'il a eu une grosse bronchite.
6. j'ai vu un documentaire à la télé sur ce sujet.

➪ **Cahier 1, 2**

RELAXATION

Exercice de "pensée positive". Très important. Peut être étendu à d'autres domaines de la vie (les relations avec les autres, par exemple) et, particulièrement, dans toutes les situations de tension et d'anxiété.

p. 160

Dialogue 3 — D'autres projets

(*Chez Baptiste*)

Baptiste : – Papa et maman, je vous présente **tous mes copains** de l'Association, **enfin, les plus sympas**...

Le père et la mère de B. : – Enchantés de vous connaître. Mais entrez donc ! Asseyez-vous. Vous êtes Sylvie, n'est-ce pas ?

Baptiste : – Oui, c'est elle qui se marie bientôt.

La mère de B. : – Votre fiancé est Portugais, je crois ? Un bien beau pays, le Portugal ! Vous parlez la langue ?

Sylvie : – Juste quelques mots. **Il va falloir que je m'y mette sérieusement** !

Martine : – Mais au fait, où allez-vous vivre ?

Sylvie : – À Lisbonne. Je vais enseigner le français là-bas. Je cherche **un poste**.

Le père : – Baptiste, **tu as dit** à tes amis **que tu partais** toi aussi ?

Baptiste : – Non, pas encore. **C'est ce que je vous ai annoncé l'autre jour** : mon père va travailler au Canada pendant quelques années et nous allons tous avec lui.

Martine : – Mais... et tes études ?

Baptiste : – J'irai au lycée français d'Ottawa.

Martine : – **C'est dommage que tu n'ailles pas au Québec !**

Sylvie : – Tu vas devenir **un crac** en anglais !

Baptiste : – Et toi en portugais !

Le père de B. : – C'est l'Europe de demain...

La mère de B. : – Et si on goûtait ? Venez par là, les jeunes.

Martine : – Merci, Madame. Sylvie, il faut que tu nous dises ce que tu veux comme cadeau...

Sylvie : – Ça, c'est gentil d'y penser ! Écoutez, j'ai déposé **une liste** dans un grand magasin mais uniquement des choses pour la maison, linge, vaisselle, etc. etc. Mais je crois que j'aimerais mieux que vous me donniez un petit cadeau à votre goût.

Baptiste : – Vraiment à notre goût ? Tu prends des risques !

(*Sylvie rit.*)

Martine : – Dis donc, Sylvie, tu sais qui va venir chez moi cet été ? Hans ! Tu te souviens de Hans ?

Sylvie : – Quelle question ! Bien sûr que je me souviens de Hans ! Eh bien, j'espère que vous viendrez tous les deux à mon mariage. Ce sera le 20 juillet, à la campagne, chez ma grand-mère. D'ailleurs, vous êtes tous invités...

Baptiste présente ses amis de l'association à ses parents. Il commence par dire "*tous mes copains*" qu'il restreint à "*les plus sympas*".

"E*nfin*" pour rectifier ce qu'on dit est déjà connu (voir SOLEIL 2, unité 5, grammaire 4.2).

La mère de Baptiste entretient la conversation, en bonne maîtresse de maison.

"*Il va falloir que je m'y mette sérieusement*" : **y** = *à apprendre le portugais, au portugais.* "*que je m'y mette*": que je commence.

"*un poste*" : sous-entendu, d'enseignante.

> ■ Selon les nouveaux accords européens, des échanges d'enseignants sont possibles entre les pays de l'Union européenne. D'autre part, un enseignant a la possibilité de suivre son conjoint à l'étranger et de demander un poste d'enseignant (ou de se mettre en congé). ■

"*… tu as dit… que tu partais*" au lieu de partirais : le projet de partir est arrêté. Sur cette forme de discours rapporté, revoir unité 1, grammaire 1.

"*c'est ce que je vous ai annoncé l'autre jour*": cf. dialogue 2 "*Moi aussi, j'ai quelque chose à vous dire mais… je vous le dirai à ce moment-là*".

"C'*est dommage que tu n'ailles pas au* Q*uébec !*". Parce que le Québec est francophone alors qu'Ottawa est anglophone.

"*un crac*" : *un "champion", un très bon élève.*

> ■ Faire un cadeau de mariage est une tradition. De plus en plus souvent, les futurs jeunes mariés déposent une liste d'objets, à différents prix, dans un grand magasin. Cela permet aux amis de savoir ce qu'ils ont choisi, ce qui leur plaît, ou ce dont ils ont besoin. ■

Mais Sylvie préfère un cadeau plus personnel. Elle ne voit probablement pas des jeunes de cet âge choisir… une casserole !

Martine s'adresse à Sylvie car les autres ne connaissent pas Hans. Sylvie se souvient très bien de lui.

Elle invite tout le monde à son mariage. Ce sera une dernière réunion, avant que chacun n'aille de son côté…

10. Peux-tu répondre ?

– Non, juste quelques mots.

– Oui, elle va s'y mettre sérieusement (à l'apprendre).

– À Lisbonne, la capitale du Portugal.

– parce que son père va y travailler.

– Quelques années.

11. Mon dictionnaire

Au fait

à propos

12. Entre vous

un chapeau, un sac de voyage, une lampe, un dictionnaire franco-portugais, une anthologie de la poésie portugaise, etc.

13. Complète

Relations temporelles : *pendant que* ⇨ **G1.2**

1. Martine et les autres étaient déjà arrivés au siège de l'association et commençaient à s'inquiéter.
2. j'ai revu mon programme de chimie.
3. regardiez tranquillement la télé.
4. il en profitera pour bien apprendre l'anglais.
5. Martine organisera une fête chez elle.
6. Moi, je passerai l'aspirateur.

⇨ **Cahier 3**

14. Jeu de rôles

Le gérondif – Émettre une opinion, donner son avis

15. À ton tour

Le gérondif ⇨ **G6**

Réponse ouverte

⇨ **Cahier 7, 8**

16. Jeu de rôles

On s'appuiera sur la Culture et civilisation de l'unité 5, pp. 150-151.

17. Jeu

Synonymes / Paraphrases de *oui* et *non*

Exemples :
– Est-ce que tu iras au lycée l'année prochaine ?
– Sans doute...

– Tu as aimé le dernier film de J.-P. Rappeneau (*Le Hussard sur le toit*, d'après J. Giono) ?
– Je n'en pense rien. Je n'ai pas d'avis. Je ne l'ai pas vu. Etc.

18. Expression orale

Mise en valeur

Cela complète ce qui a été vu à l'unité 5, activité 18.

19. Expression écrite

Verbes introducteurs de discours rapportés

Tous ces verbes sont utiles quand on fait un récit, tant à l'écrit qu'à l'oral.

20. Des mots, des mots, des mots

Le sens du mot *affaire(s)*

1 : e
2 : a
3 : b
4 : d
5 : c

p. 166

GRAMMAIRE ET USAGE

1. Relations temporelles

1.1 *Depuis que*

Depuis que a le même sens que *depuis*. Cette conjonction indique que l'action dure encore dans le présent : *je suis encore en France et mon oncle ne fume toujours pas* (il continue à ne pas fumer). Dans un cas, *depuis que* est suivi du présent, dans l'autre cas, du passé composé (mais on pourrait dire aussi : *depuis qu'il ne fume plus*). *Depuis que* peut apparaître en tête de phrase (cf. 1er exemple) ou en milieu de phrase.

Dialogue 1 : *Depuis qu'on est partis, on ne s'est pas arrêtés une minute.*

1.2 *Pendant que*

Pendant que a le même sens que *pendant* et permet d'indiquer que deux actions sont simultanées.

Dans les exemples proposés, *pendant que* est suivi du présent, de l'imparfait, du futur.

2. *Il faut que, il faudra que, il a fallu que* + subjonctif *Avoir quelque chose à* + infinitif

2.1 *Il faut que*

Dialogue 2 : *Après, il faudra qu'on les trie.*

Autres exemples : *Quand vous irez à Versailles, il faudra que vous alliez visiter le château et le parc.*

Il ne faudra pas qu'on fasse de bruit en rentrant ce soir.

Il faudra qu'on prenne un abonnement de théâtre cet hiver. (cf. unité 5, 4).

⇨ **Cahier 9**

2.2 *Avoir quelque chose à faire* + infinitif

Dialogue 2 *J'avais une affaire importante à régler.*

J'ai une grande nouvelle à vous annoncer.

3. La quantité : *des, quelques, plusieurs*

L'emploi des déterminants de quantité pose souvent problème aux étrangers. En particulier, celui de *quelques*, souvent employé à tort pour *des* (**j'ai quelques enfants*).

Quant à la différence sémantique entre *quelques* et *plusieurs*, l'activité 3 permettra sans doute de la faire comprendre.

Unité 5, dialogue 1 Baptiste : *Depuis* ***quelques*** *jours.*

Lise : *Quoi ! Tu as mal depuis* ***plusieurs*** *jours et tu n'as rien dit !*

Baptiste veut minimiser ce qu'il a et justifier le fait qu'il n'ait rien dit (*quelques*). Lise ne comprend pas ce comportement et s'étonne qu'il n'ait rien dit (*plusieurs*).

Unité 6, dialogue 1 Pierre : *Encore quelques-unes.*

Avec Lise, qui est fatiguée, Pierre veut se montrer encourageant (*quelques*).

Lise : *Tu as dit qu'on avait encore plusieurs rues.*

Lise "amplifie" la quantité de rues qu'il leur reste à faire parce qu'elle en a assez de marcher et de traîner son caddie (*plusieurs*).

Dans le dialogue 2, Martine dit qu'ils ont eu *plusieurs* refus : elle veut insister sur ce fait et exprimer ainsi sa surprise ou son mécontentement.

4. Le superlatif

4.1 *Le (la, les) plus* + adjectif

Unité 6, dialogue 2 Le caddie le plus rempli, c'est celui de Baptiste !

Tu es le plus fort !

Et le plus galant !

4.2 *Le (la, les) moins (plus)* + adjectif

Unité 5, dialogue 1 L'hôpital le plus proche est à Brive.

dialogue 2 (un endroit) le moins cher possible

dialogue 3 Celui-ci (ce gîte) est le plus grand

Unité 6, dialogue 1 Le plus dur est fait

dialogue 3 Les plus sympas

5. *Très / trop*

Non, Baptiste est trop malade (pour marcher).

Non, l'auberge de jeunesse est trop chère pour eux, c'est trop cher pour eux.

Parce qu'elle est très bien, très grande.

Trop implique une difficulté, une impossibilité, une conséquence négative : Baptiste ne peut pas marcher, les jeunes ne vont pas à l'auberge de jeunesse, etc.

Très n'implique rien de précis. Ce restaurant est *très cher* ne dit pas si je pourrai ou non y aller. Cf. la différence entre *pas de* et *plus de*.

6. Le gérondif

On peut faire chercher des exemples de gérondif dans les dialogues :

Unité 6, dialogue 1 *En attendant,* (qu'on ait acheté des jus de fruit)
dialogue 2 *En vous attendant* (pendant qu'on vous attendait)
Unité 5, dialogue 3 *à gauche en sortant* (quand on sort)

Le gérondif peut avoir valeur de présent, de passé ou de futur. Exemple :

J'aime écouter de la musique en travaillant (quand je travaille).

En arrivant à l'hôpital, il souffrait beaucoup (quand il est arrivé).

En sortant, tu seras gentil de descendre la poubelle (quand tu sortiras).

7. Usages

La signification de ces expressions est à peu près la suivante :

Advienne que pourra ! : On verra bien ce qui arrivera, on ne peut rien y changer.

Sauve qui peut ! : Que chacun se tire d'affaire commme il le peut.

Ne vous en déplaise ! : Que cela vous plaise ou non.

Coûte que coûte ! : À tout prix ; quelles que soient les conséquences.

Dieu soit loué ! : Heureusement !

Grand bien vous fasse ! : Je vous souhaite bonne chance, mais je n'y crois pas.

Soit dit en passant ! : Entre parenthèses.

Soit dit entre nous ! : C'est confidentiel.

p. 169 ORTHOGRAPHE

1. On

Indicatif

– Présent : on a ; on entre ; on sonne ; on dit ; on vient chercher ; on est fatigués ; on s'arrête ; on voit ; on continue ; on a ; on connaît.

– Passé composé : on est partis ; on ne s'est pas arrêtés ; les gens ont donné ; on s'est arrêtés ; on a marché ; on a commencé ; on (en) a eu.

– Imparfait : on avait ; on commençait ; on était fatigués.

– Plus-que-parfait : on avait prévenu.

Remarque : "on va acheter" est au futur proche.

Subjonctif

– Présent : qu'on (les) trie ; qu'on fasse ; qu'on les distribue.

Conditionnel

– Présent : on passerait.

⇨ **Cahier, orthographe, 3**

2. Écoute et regarde

Quand [**f**] est précédé et suivi d'une voyelle, il s'écrit **ff**.
Autres exemples : affolement, office...

Dans le mot *femme*, le son [**a**] s'écrit **e**.

4. Dictée

On voyage beaucoup en Europe, pour ses affaires ou pour son plaisir, et on apprend des langues. Certains vont à l'hôtel, mais beaucoup de jeunes, qui n'ont pas d'argent, font du camping.

p. 171

OUVERTURES

Le rêve d'une jeune fille chinoise

Commencer par la lecture silencieuse du texte, puis faire répondre individuellement aux questions (en classe, ou à la maison). Mettre en commun les réponses, en demandant à chaque fois aux élèves de lire la phrase du texte qui les justifie.

1. Vrai ou faux

– Faux : le pont de pierre a *"des centaines d'années"* (plusieurs fois cent ans).

– Vrai : *"ma maison se trouve sur la rive de la rivière Jingjiang"*.

– Faux : c'est son père qui lui a parlé du Louvre. *"Mon père me racontait... mais aussi celles d'une ville lointaine qui s'appelle Paris. C'est ainsi que j'ai découvert le Louvre..."*.

– Vrai : *"Le 20 mai 1958 était justement son dix-huitième anniversaire"*.

– Faux : Il voulait le jeter dans la Seine : *"Je vais te jeter dans la Seine !"* Il ne l'a pas fait, on ne sait pas pourquoi (sans doute n'est-il jamais retourné en France). Huang Cai rêve de le faire à la place de son père : *"galet, mon petit galet, je veux te jeter dans la Seine !"*.

2.

– Présent de l'indicatif : *j'ai un petit galet ; je suis de Chengdu ; ma maison se trouve*, etc.

– Participe passé : *construit*.

– Passé composé : *j'ai découvert ; j'ai fait ; j'ai trouvé ; ai-je décidé* (inversion du sujet).

– Futur proche : *je vais te jeter*.

Au moment de la correction, en profiter pour faire relever les verbes à l'imparfait de l'indicatif (*j'étais, se mêlaient, racontait*, etc.).

On pourra ainsi observer le système des temps dans le texte : le présent sert à décrire ; l'imparfait évoque les souvenirs (imparfait d'habitude : *mon père me racontait...*). Le récit est au passé composé : *j'ai trouvé...*

3. y peut être remplacé par *sur la rive de la rivière Jingjiang.*

Faire reconstruire la phrase "*Quand j'étais petite, mon père me promenait sur la rive de la rivière Jingjiang*".

4. Le père de Huang Cai est allé en France. Il a visité Paris. Le galet gris est peut-être le souvenir d'une promenade au bord de la Seine. Il a rêvé de revenir le jeter dans la Seine : de retourner à Paris. Il l'a peut-être promis à quelqu'un, à une jeune fille française.

Mettre en commun les idées.

5. Dans ces images, il y a :

– des monuments, ou des endroits célèbres à Paris : le Louvre, Notre-Dame de Paris, les Champs-Élysées.

– des personnages célèbres : un écrivain (Victor Hugo) ; un empereur (Napoléon) ; un homme politique (François Mitterrand, ancien Président de la République) ; une actrice (Catherine Deneuve).

– des stéréotypes : le béret, le champagne, les terrasses de cafés.

On demandera aux élèves s'ils ont les mêmes images de la France ou s'ils en ont d'autres (sur la nourriture, le pain, le vin..., le caractère des Français, la vie en France, etc.).

D'où viennent ces images ? Parfois on ne le sait pas, elles se transmettent oralement.

Montrer le caractère figé des stéréotypes : les Français ne boivent pas de champagne tous les jours, très peu aujourd'hui portent un béret, sauf au Pays basque, etc.

6. et **7.** Ces questions ont des réponses ouvertes, qui dépendent du pays des élèves, et des sentiments de chacun.

Sondage

Il donne lieu aussi à des réponses personnelles, mais il peut susciter des débats, en petits groupes ou avec l'ensemble de la classe.

On expliquera les expressions "*plutôt d'accord*" et "*plutôt pas d'accord*". On emploie *plutôt d'accord* quand on hésite : *je suis presque d'accord, mais pas tout à fait.*

p. 174 Des Images et des Mots

Il faut remettre les légendes à leur place :

1. Il a le bras long.
2. Il est interdit de voler.
3. Elle est chouette.
4. J'ai des fourmis dans les doigts.
5. La voiture marche bien.
6. C'est un homme cultivé.

Les expressions employées jouent sur le sens propre et le sens figuré des mots.

1. ***Avoir le bras long*** : avoir des relations, connaître des gens importants, ce qui aide à réussir, à faire de bonnes affaires.
2. ***Voler*** a deux sens : un oiseau, un avion, volent. Le cambrioleur vole. C'est évidemment dans ce deuxième sens que voler est interdit !
3. La chouette est un oiseau de nuit. ***Elle est chouette*** a un sens assez vague : elle est gentille, elle est sympa, elle est amusante…
4. ***J'ai des fourmis dans les doigts*** : j'ai envie de faire quelque chose, je n'aime pas rester sans rien faire, je m'ennuie. *Avoir des fourmis* veut dire aussi : être ankylosé.
5. ***Une voiture qui marche bien*** est une voiture qui roule bien, qui fonctionne bien. On emploie souvent le verbe marcher pour les machines.
6. ***C'est un homme cultivé*** : on cultive son jardin, la terre… Une personne cultivée est une personne qui a des connaissances larges, dans beaucoup de domaines ; qui lit, qui écoute de la musique, va au cinéma, etc.

p. 175 *Pour le plaisir*

Ces deux poèmes sont écrits par des poètes francophones.

Liberté d'Andrée Chedid

La liberté est représentée par la métaphore du cheval, qui emporte, mais qu'il faut maîtriser.

Avant d'apprendre le poème, donner quelques indications de vocabulaire :

- *monture* : de monter, monter à cheval.
- *gouverner* : tenir les rennes (cf. gouvernement).
- *meurtrir* : blesser (à l'origine : tuer, meurtre, meurtrier).
- *les ronces* : plantes sauvages, piquantes, touffues.
- *gravir* : monter (se dit de monter un escalier, une montagne).

Il y a dans le poème un double mouvement : le cheval fou emporte le poète. La flamme évoque à la fois le mouvement et la passion. Le poète retient le cheval, ne cède pas à la tentation de la liberté absolue (à cause d'un enfant, ou d'un amour). Il calme le cheval (*je blanchissais ta fièvre*), qui, lui, bouleverse sa paix (*embraser* : *enflammer* ; cf. plus haut *ma flamme*).

Apprendre séparément les deux strophes. La première est à dire avec passion. La deuxième doit être plus calme. Dire le dernier vers après une petite pause (ne pas baisser la voix après fièvre).

> **Andrée Chédid** : d'origine libanaise, de nationalité égyptienne, mais d'expression française, elle publie son premier recueil au Caire en 1943. Elle est l'auteur de romans, d'essais, de pièces de théâtre, de nouvelles et de textes lyriques : *Terre et poésie*, *Terre regardée*, *Textes pour le Vivant*, *Textes pour la Terre aimée*, *Seul le Visage*, *Double pays*… *Fêtes et lubies* (1973) a été composé pour les enfants.

La Tour Eiffel de Vincente Huidobro

Le poème est composé selon une succession de métaphores, suggérées par la forme de la Tour Eiffel : guitare, télescope, clairon, ruche, araignée, volière.

Quand les étrangers évoquent la France, ils pensent souvent à la Tour Eiffel : c'est donc aussi comme une sonnerie qui annonce Paris, ou une affiche publicitaire pour la France.

Vicente Huidobro (Santiago de Chile,1893 - Llolleo, Chile,1948).

Vicente Garcia Huidobro Fernandez naît le 10 janvier 1893. Ses parents, héritiers de propriétés agricoles et d'importants vignobles du centre du pays, appartenaient à des familles de l'aristocratie coloniale. Enfant, il voyagea en Europe avec ses parents, puis revint au Chili en 1900.

À 18 ans, il publie *Ecos del alma*, une série de poèmes sentimentaux. En 1912, il crée la revue *Musa joven* dans laquelle il publie des poèmes et ses premiers textes critiques. Y publieront aussi quelques-uns des meilleurs jeunes écrivains de cette époque.

En 1913, il dirige la revue *Azul* dont le titre est un hommage à Ruben Dario ainsi qu'au mouvement moderniste. En 1916, il publie *Adán*, poème qui annonce sa tendance “créationniste”. Il part pour Paris avec sa femme et ses enfants. Il y participe activement à l'avant-garde esthétique (Picasso, Gris). Il assiste au congrès antifasciste de Valence. Après 1945, il est capitaine dans l'armée française de Libération. Il meurt en janvier 1948.

Beaucoup de soldats passèrent de Armand Bernier

– *passèrent* : passé simple du verbe *passer* (sont passés).

Ce poème est très simple et se présente comme un dialogue. On peut donc le dire à deux voix.

Les questions posées sont celles qu'on pose à propos des étrangers : “De quel pays venaient-ils ? Quelle langue parlaient-ils ?” Mais la guerre et la mort suppriment les différences et les barrières.

Armand Bernier (Braine-l'Alleud 1902 - Bruxelles 1969)

Ecrivain belge de langue française, conteur et critique, il est surtout, sur le ton de l'apologue ou de la confidence, un poète d'inspiration métaphysique, dont le panthéisme tente de réconcilier l'homme avec le monde (*Le Carrousel d'ennui*, 1952, *Aux vitres de l'éternité*, 1964).

Ce poème est extrait de *Le monde transparent*.

Le Tour du monde en quatre-vingts jours de Jules Verne

Comme on sait, Phileas Fogg, accompagné de son fidèle valet Passepartout, gagne son pari en réussissant à faire le tour du monde en 80 jours… grâce au décalage horaire !

p. 179 CULTURE ET CIVILISATION

La francophonie

Les réactions des élèves à la photographie et au texte dépendront de leur pays d'origine ou d'adoption et des langues qui y sont parlées. Peut-être certains seront-ils en mesure de compléter le tableau de la page 180, dans lequel nous n'avons cité que quelques exemples de situations.

Dans le texte de la page 179, nous avons voulu montrer concrètement ce que veut dire être francophone, plutôt que présenter un ensemble exhaustif et complexe des divers pays dits "francophones".

La notion de *français langue seconde* s'applique aux situations où les habitants d'un pays utilisent le français dans les relations administratives et commerciales ainsi qu'à l'école, comme langue d'enseignement d'une autre matière (par exemple, la géographie ou les sciences).

Pour une information plus complète sur la francophonie, on pourra se reporter à :

– la revue GÉO, n° 138, août 1990, Paris, Prisma Presse, 6, rue Daru, 75339 Paris Cedex 08.

– Les publications du *Haut Conseil de la Francophonie* (HCF), 72, rue de Varenne, 75700 Paris.

– *La lettre de la Francophonie*, 13, quai A. Citroën, 75015 Paris.

Nos voisins francophones.

Voici le texte enregistré sur la cassette, signalé dans le Livre de l'élève, p. 180.

1. Le pays et les langues

Martine : Euh... je m'appelle Martine. Euh... je suis Andorrane et euh... je suis enseignante.

Gaiwa : Je m'appelle Gaiwa. Je suis enseignant.

Michèle : Et plus particulièrement ?

Gaiwa : Je viens du... du Tchad. Je suis enseignant dans un institut supérieur de sciences de l'éducation.

Dovia : Moi je m'appelle Dovia. Je viens du Vanuatu, le Vanuatu est un archipel qui se trouve au milieu de l'océan Pacifique, voisin de l'Australie et je suis professeur de français dans un collège.

Michèle : Et vous Pascal ?

Pascal : Euh... Pascal, euh... Rwandais. Le Rwanda se trouve en Afrique de l'Est et moi je viens de Kigali.

Michèle : Euh... à quel âge avez vous commencé à... à apprendre le français ?

Pascal : Euh... moi j'ai commencé à apprendre le français à l'âge de 7 ans.

Michèle : 7 ans... oui... donc toute votre scolarité vous l'avez faite en français ?

Pascal : Euh... non, non, non, parce que euh... le Rwanda c'est un peu spécial par rapport à d'autres pays euh... de l'Afrique parce que nous avons une langue maternelle... euh... tous les Rwandais parlent la même langue : le kinyaruanda, ce qui veut dire qu'à l'école primaire euh... sauf le français, d'autres matières sont apprises dans la langue nationale.

Michèle : Je comprends, je comprends. Et dans votre famille bien sûr on... on parlait la langue nationale ?

Pascal : Oui, mais moi disons que mes parents parlent aussi français, ce qui fait que on arrive à parler bilingue en passant du français au kinyaruanda.

Michèle : Je comprends.

Pascal : ça dépend donc des sujets et des moments.

Gaiwa : Euh... moi personnellement...

Michèle : Oui ?

Gaiwa : ... j'ai commencé à apprendre le français à 12 ans révolus et depuis lors j'ai été toujours en contact avec le français et j'ai fait mes études primaires, secondaires et supérieures toujours en français, et disons aussi qu'au niveau national la situation linguistique est un peu complexe parce que le pays dénombre une centaine de langues environ… et parmi ces langues dites nationales il n'y a que l'arabe qui est enseigné au primaire… secondaire et primaire. Les autres langues nationales…

Michèle : Au primaire, au secondaire… et dans le supérieur ?

Gaiwa : … et dans le supérieur aussi.

Michèle : D'accord.

Gaiwa : Et, en dehors de l'arabe et du français, il n'y a aucune langue qui… qui fasse l'objet d'un enseignement quelconque… au niveau scolaire bien sûr.

Michèle : D'accord. Et… et dans votre famille on parlait quelle langue ?

Gaiwa : Dans la famille, je parle ma langue maternelle…

Michèle : Oui…

Gaiwa : … le tupuri, ça s'écrit : T. U. P. U. R. I. mais prononcez "toupouri".

Michèle : D'accord.

Gaiwa : Et donc, en milieu familial je parle ma langue maternelle. Bon, avec les autres, disons les collègues, les camarades, au service, en voyage, je parle le français uniquement.

Martine : Alors moi j'ai euh… une maman qui était Française et donc euh… mon père qui était Andorran, et la langue de la famille était soit le catalan, qui est la langue officielle de l'Andorre, soit le français. Et euh… sinon j'ai fait mes études à l'école française depuis depuis mon plus jeune âge.

Michèle : Et, et… donc à la maison vous entendiez parler à la fois euh… le catalan…

Martine : … la langue du couple donc était le français mais euh… mes grands-parents qui euh… habitaient euh… à côté de chez nous euh… parlaient catalan et en fait encore actuellement je m'adresse plutôt à mon père en catalan et à ma sœur en catalan et à ma mère en français, mais en fait il y a aussi des situations de parler bilingue où euh… où on passe les uns et les autres d'une langue à l'autre en fonction du sujet…

Michèle et Martine : … comme Pascal.

Martine : Avec euh… souvent aussi de l'espagnol puisque bon euh… l'espagnol est très proche en Andorre, il y a une population espagnole très euh… très importante et…

Michèle : … oui donc vous c'était trilingue…

Martine : … trilingue, en effet oui c'est ça…

Michèle : … dans le quotidien ?

Martine : Oui, oui, oui .

Michèle : Et vous Dovia ?

Dovia : Moi je peux pas dire si je suis trilingue ou… parce que je parle plusieurs langues… mais par contre le français je l'ai appris depuis l'âge de 6 ans et… parce que mon pays connaît un peu une situation un peu particulière, euh… le pays a été colonisé par deux pouvoirs, le français… le pouvoir colonial français, le pouvoir colonial anglais, ce qui fait que chez moi il y a des écoles anglophones et des écoles francophones et moi je suis, enfin j'étais toujours avec euh… scolarisée dans des établissements sco… francophones voilà.

Michèle : Et quelles sont les autres langues alors que vous parlez ?

Dovia : Euh… les autres langues, il y a environ une centaine de langues qui sont des dialectes et puis à part ça il y a la langue nationale…

2. Où et quand parle-t-on français ?

Michèle : Alors, euh… à présent est-ce que vous pouvez nous dire euh… dans quel cadre s'utilise le français dans votre pays ? Est-ce que est-ce que tout l'enseignement ou une partie de l'enseignement est dispensé en… en français, euh… est-ce que dans les commerces, dans la rue on le parle, dans les administrations… ?

Dovia : Euh… d'abord chez moi le français c'est… a un statut euh… comme langue de l'enseignement, enfin… il y a… comme je vous ai dit tout au début, il y a des écoles anglophones et francophones mais le français dans les écoles anglophones est considéré comme langue d'enseignement donc toutes les matières sont enseignées en français et on l'utilise aussi dans les bureaux puisque c'est la langue officielle aussi.

Michèle : Donc dans l'administration… Et à la radio par exemple ?

Dovia : La radio aussi. Tout se fait en français et en anglais.

Michèle : Ah ! Les deux.

Dovia : Oui les deux. Puisque même dans les bureaux on recrute des personnels francophones et anglophones…

Michèle : D'accord.

Dovia : … on est obligé puisque les deux langues sont officialisées.

Martine : Alors, en Andorre le français est très peu parlé par la… par la population, il n'est pas du tout utilisé dans les structures officielles, euh… c'est vraiment une langue d'enseignement.

Pascal : Dans l'administration, on utilise le kinyaruanda et le français mais sinon dans la vie de tous les jours euh… à Kigali ou dans d'autres villes euh… on parle beaucoup le kinyaruanda. Après le travail les gens parlent plus le kinyaruanda que le français mais ça dépend, ça dépend mais je l'ai dit avant : ça dépend du sujet, des moments… on passe d'une langue à l'autre.

Michèle : Et tout ce qui est affichage dans la rue etc. ?

Pascal : Euh… les affiches euh… plus d'affiches en français.

Gaiwa : Et quant au statut du français dans mon pays : le français est la première langue officielle… la langue… la première langue officielle au Tchad.

Michèle : Donc ça, c'est le Tchad, oui.

Gaiwa : Et cette langue est également la langue d'enseignement et c'est aussi la langue d'administration. Le français est utilisé dans la presse… écrite disons, et le français est utilisé à la radio, à la télévision. Il est aussi utilisé dans les services sociaux, sanitaires et j'entends par là les services à caractère public comme la Poste, et effectivement chez moi les affiches et l'écriture, c'est en français mais depuis quelque… je ne peux pas situer exactement la date…

Michèle : … un certain temps…

Gaiwa : … oui, le pays tend vers un bilinguisme français-arabe parce que à côté du français comme langue officielle il y a l'arabe qui est aussi érigé comme langue officielle et qui est langue officielle depuis 1982.

Michèle : … oui c'est récent effectivement…

Gaiwa : … mais bien avant, cette langue, c'est-à-dire l'arabe, était toujours enseignée dans des établissements scolaires.

Michèle : Donc dans… dans… dans… dans votre pays les enfants ont depuis leur plus jeune âge… sont habitués à passer d'une langue à l'autre.

Dovia : D'une langue à l'autre, oui, c'est cela. L'exemple que je connais… mes enfants ils sont tous petits euh… ils parlent plusieurs langues déjà et si on va dans une autre… on s'installe dans une autre région ils s'adaptent vite à apprendre la langue de…

3. Les langues dans la famille

Michèle : … et oui… Oui enfin, et certains d'entre vous l'ont déjà abordé euh… comme Dovia, c'est-à-dire est-ce que lorsque… si c'est le cas si vous avez des enfants, est-ce que vous vous adressez en… est-ce que vous vous adressez à eux en français parfois ou souvent ? Est-ce que vous… la langue nationale prend le relais ?

Dovia : Oui, moi j'ai trois enfants et à la maison on parle que le français.

Michèle : Est-ce que c'est une une volonté de votre part ou c'est quelque chose qui est naturel ?

Dovia : Non, enfin, je sais pas si je peux dire que c'est une volonté ou… parce que tout au début j'étais dans mon village, avec les trois enfants d'ailleurs et puis à un moment donné j'ai été appelée à venir dans la capitale et là j'étais logée chez un cousin qui avait des enfants parce qu'il est il est marié avec une Calédonienne et puis ses enfants parlaient en français, et puis en laps d un mois mes enfants ont oublié la langue maternelle, ils ont parlé que le français puis en plus ils se sont perfectionnés en langue nationale et ce qui a fait que depuis qu'on les a quittés on a toujours parlé le français chez nous à la maison avec les enfants. Sinon quand il y a des parents ou des amis qui viennent voir et là on se met tout de suite à parler le langage. Enfin moi, mais eux ils ne parlent pas le langage, ils le comprennent mais ils ne le parlent plus. Quand je reçois la famille de mon mari, ben je parle la langue de mon mari, quand c'est mon père, c'est la langue de mon père…

Michèle : Mais excusez-moi de vous interrompre, Dovia, mais j'avais pas compris que vous parliez sept langues, j'avais compris trois langues !

Dovia : Non sept.

Michèle : Sept langues … des langues très différentes ou des langues proches ?

Dovia : Très différentes.

Michèle : Très différentes… dites… Bravo !

Gaiwa : J'ai deux enfants : une fille et un garçon…

Michèle : Ils ont quel âge ?

Gaiwa : … et la fille n'a que… disons bientôt 4 ans et le garçon a 19 mois.

Michèle : Oui alors lui… enfin vous nous direz la première langue… (rires)

Gaiwa : Alors, s'il faut comptabiliser le nombre de langues, moi je peux dire que je ne parle que deux langues : ma langue maternelle et le français. Mais, comme je le disais au début je parle l'arabe dialectal et un peu aussi l'anglais parce que je l'ai appris à l'école.

Michèle : Alors ça fait plutôt trois ou quatre que deux.

Gaiwa : Oui ! Mais les deux principales dans lesquelles je communique tous les jours c'est ma langue maternelle et le français.

Michèle : Oui.

Gaiwa : Bon, en famille, surtout avec mes enfants, j'ai oublié un aspect : ma femme parle une autre langue que la mienne… entre nous on se communique en arabe dialectal.

Michèle : D'accord, alors vous parlez en arabe dialectal avec votre femme.

Gaiwa : Avec mon épouse, oui.

Michèle : Vous étudiez en français et … dans votre famille, avec vos parents ?

Gaiwa : Avec les parents… ça c'est poser un autre problème parce que ils ne sont pas avec moi au niveau de la capitale. Sinon si je me rends au village, je ne parle que ma langue maternelle avec les parents. Mais avec ma fille je ne lui parle que ma langue maternelle.

Michèle : Oui… Qu'est-ce qui vous motive à faire ça ?

Gaiwa : Pour moi, il faudrait qu'elle apprenne d'abord sa langue maternelle avant de tomber sur une autre langue. Seulement si on me demande le pourquoi, ce serait un peu très difficile de l'expliquer.

Michèle : Est-ce que ça touche à votre euh… ça touche à votre identité?

Gaiwa : Non, c'est parce que je manque des arguments nécessaires pour étayer… (rires) Alors je lui parle ma langue maternelle, sa mère lui parle aussi sa langue maternelle et ma fille quand elle veut s'adresser à moi, elle utilise ma langue et quand elle veut s'adresser à sa mère elle utilise…

Gaiwa et Michèle : … la langue de sa mère.

Michèle : Donc elle est déjà bilingue à 4 ans.

Gaiwa : Voilà. Mais il ne m'est jamais arrivé de lui parler une autre langue que ma langue maternelle.

Michèle : D'accord, c'est très clair pour elle donc elle a tout à fait compris en quelle langue elle s'adressait avec vous, quand elle vous parle ou quand elle parle à sa mère.

Gaiwa : Oui. Mais comme je communique avec mon épouse en arabe dialectal… et l'entourage aussi parle l'arabe dialectal et… elle tend à s'adresser à nous deux en arabe dialectal.

Michèle : Donc elle est plutôt trilingue déjà cette petite… (rires) D'accord. Et elle-même lorsqu'elle va commencer sa scolarité, elle va le faire…

Gaiwa : … en français.

Michèle : En français, donc quadrilingue !

Pascal : Au Rwanda et peut-être aussi dans d'autres pays africains, l'école euh… c'est la réussite sociale.

Michèle : Donc la langue de l'enseignement est la langue…

Pascal : … a beaucoup favorisé, euh…

Michèle : … et je veux dire, elle est reconnue socialement.

Pascal : Socialement et… disons que quand je rencontre les gens qui… qui parlent français, que je sais… qu'ils parlent français euh… si on discute disons on parle de sujets politiques, directement on va parler français, là la question n'est pas… on va directement parler français et euh… si on parle de de sujets scientifiques là on va passer directement par le français.

Cette interview ne vise pas à donner une image générale de la francophonie, mais à proposer un échantillon d'expériences francophones.

Le document étant long, on peut, en fonction du niveau des élèves, n'en étudier qu'une partie, ou en tout cas faire entendre les différentes parties séparément.

Nous l'avons transcrit tel quel, avec les caractéristiques de la langue parlée (répétitions, mots tronqués, instabilité syntaxique, etc.).

Démarche suggérée :

– Faire écouter plusieurs fois l'ensemble, ou seulement la première partie.

– Faire identifier les voix (3 voix féminines, 2 voix masculines) et les personnes :

- l'interviewer, dont on donnera le prénom, qui n'est pas mentionné oralement (Michèle) ;
- Dovia et Martine ;
- Gaiwa et Pascal.

Faire répéter les prénoms.

– Après une nouvelle écoute, les élèves s'efforceront de remplir un tableau tel que

	Nationalité	À quel âge a-t-il (elle) appris le français ?	Langues parlées dans le pays
Gaiwa			
Dovia			
Pascal			
Martine			

On peut aussi affiner le questionnaire après avoir écouté la suite de l'interview. Exemple :

Pays	Langues parlées	Langues enseignées	Langue officielle
Tchad	une centaine (100)	l'arabe, le français	

Mais il peut être intéressant de reconstituer **l'expérience de chacun des participants**.

Exemple, **Gaiwa** :
– Combien de langues parle-t-on dans son pays ? Une centaine.
– Quelles langues parle-t-il ? Sa langue maternelle, le français, l'arabe dialectal.
  – Avec sa femme (son épouse) : l'arabe dialectal,
  – avec ses enfants : sa langue maternelle,
  – avec ses parents : sa langue maternelle,
  – dans son travail : le français.

Martine
– Combien de langues connaît-elle ? Le catalan, l'espagnol, le français.
– Dans quelle langue a-t-elle fait ses études ? En français.
– À qui parle-t-elle catalan ? À son père et sa sœur.
– À qui parle-t-elle français ? À sa mère. Etc.

Pour cela, on peut **diviser la classe en groupes** et charger chaque groupe de constituer une fiche pour une des personne interviewées.

Après avoir fait la synthèse en commun, on pourra organiser une discussion en classe, sur ce thème.

- Si le pays des élèves est francophone, on pourra le faire comparer avec les pays représentés dans l'interview.
- Si les élèves connaissent plusieurs langues, chacun pourra élaborer par écrit une petite fiche. Exemple :

Je m'appelle...

J'habite...

Dans mon pays, on parle ... langues.

On étudie le français (où, à partir de quel âge ?) ...

Dans ma famille, je parle...

On peut aussi demander aux élèves de poser eux-mêmes des questions à leurs camarades à propos du document.

Des mots de la francophonie

L'intérêt du texte est de montrer que les mots "voyagent". Les élèves auront peut-être d'autres exemples à proposer, s'ils habitent dans un pays francophone. Sinon, ils pourront s'interroger sur les emprunts dans leur langue, ou les emprunts d'autres pays à leur langue.

À la question **"Et *toi, lequel de ces mots préfères-tu* ? Pourquoi ?"**

On peut répondre :

- que le mot anglais *night-shop* convient très bien ;
- que le mot *dépanneur* (de *panne, dépanner*) s'emploie à propos des machines, en particulier des automobiles, et qu'il est impropre de dire que le magasin "dépanne" les clients : en fait, il leur rend service ;
- que le néologisme *maganuit* est bien composé, facile à retenir, et qu'il correspond exactement à l'anglais (sinon qu'en anglais, il s'agit de deux mots entiers, ce qui n'est pas le cas en français : *maga* est une abréviation de *magasin*).

Le livre et la vie

Les professionnels du livre : les personnes dont le métier a un rapport avec le livre, les personnes qui font des livres, les vendent, etc.

Dans le texte, ce sont :

- des auteurs (qui écrivent des livres),
- des professeurs (qui utilisent les livres pour enseigner),
- des illustrateurs (qui illustrent les livres par des dessins),
- des libraires (qui vendent des livres),
- des bibliothécaires (qui sont chargés de conserver les livres et de les faire lire).

Sur l'affiche du Salon de 1992, on voyait un garçon *"qui vous regarde droit dans les yeux"* (en face). Le texte de l'affiche était : "*Est-ce qu'il y a des livres qui font grandir plus vite ?*"

On peut demander aux élèves si un livre peut faire grandir, ou comment il peut faire grandir. Pour cet enfant, le livre n'est pas seulement un amusement.

On les invitera ensuite à créer, à leur tour, une affiche qui incite à lire. Pour cela, il faut inventer un dessin, ou choisir une photo, et l'accompagner d'une légende publicitaire.

Les questions de la page 182 sont des questions ouvertes. Elles peuvent appeler des comparaisons avec son propre pays.

On peut également engager les élèves à faire une recherche sur les bibliothèques ou les centres de documentation de leur ville ou de leur région.

⇨ **Cahier, pp. 79-80**

Et lire le livre du monde

Il s'agit ici d'un témoignage authentique. Une jeune fille parisienne, Alice Duclos, partie pour un an au Canada de sa propre initiative, a bien voulu nous faire part de son expérience.

p. 183

MÉMENTO 5/6

1. Relations temporelles

Ce tableau récapitule les acquisitions nouvelles de cette 3e année. Il pourra être consulté selon les besoins, au cours des activités.

2. Relations logiques : la condition

On a déjà dit (cf. unité 5, 3) que *à condition de* ou *à condition que* étaient plus expressives que *si*. L'avantage de *si* est qu'il est plus simple sur le plan syntaxique. Ici :

Tu ne seras pas en retard si tu pars tout de suite.

Je rentrerai à minuit si tu me prêtes ta clé.

3. Le subjonctif

On l'emploie pour exprimer un sentiment (*j'ai peur que*) ; une volonté (*je veux que, je préfère que*) ; une opinion ou une perception personnelles (*je ne comprends pas que, je ne crois pas que*). On l'emploie également avec des verbes impersonnels (*il faut que, il n'est pas douteux que, c'est dommage que*).

Ces nuances de sens sont peut-être trop subtiles pour le niveau des élèves. On s'appuiera surtout sur la mémorisation.

4. *Avoir quelque chose à* + infinitif

En effet, cette expression ne s'emploie pas avec les verbes intransitifs (*j'ai quelque chose à partir).

Dans les exemples relevés dans les dialogues (cf. unité 6, 2.2), on fera remarquer que *une affaire importante* est complément d'objet direct de *régler* et que *une grande nouvelle* est complément d'objet direct de *annoncer*.

5. Mise en valeur du verbe : *ce qui... c'est..., ce que... c'est...*

Ces procédés de mise en valeur sont très fréquents dans la langue parlée et dans certains écrits (la presse, par exemple).

6. La détermination : *des, quelques, plusieurs*

On a dit (cf. unité 6, 3) que lorsqu'on ne voulait pas préciser la quantité, on disait *des*, ce qui, en effet, ne précise pas si la quantité est grande ou petite (*des* signifie seulement "plus de deux"). On peut donner une évaluation de la quantité (sans qu'elle soit pour autant plus précise) en suggérant qu'elle est grande (*beaucoup*), ou petite (*pas beaucoup, peu*).

7. Le superlatif

Le superlatif absolu (7.2) est connu depuis longtemps (SOLEIL 1). Le superlatif relatif ne pose pas de problème sur le plan syntaxique. On l'utilise pour évaluer quelqu'un ou quelque chose en le comparant aux autres.

8. *Très / trop*

Par rapport à ce qu'on a dit sur *trop* (unité 6, 5), on peut ajouter une remarque : la tendance dans le français parlé familier, chez les jeunes en particulier, à utiliser abusivement *trop*, sans le faire suivre d'un adjectif (*Il est trop*).

9. Le gérondif

Les gérondifs présents dans l'unité 6 ont une valeur temporelle. La valeur causale pourra apparaître dans l'exercice 9, ci-dessous.

Es-tu savant ?

EXERCICE 1

1. Non, il y a deux jours ; ça fait deux jours / oui, il y a six mois.
2. Ça fait un mois (une semaine, deux jours) ; j'ai commencé il y a une semaine.
3. Oui, très longtemps, il y a au moins trois mois (que je ne suis pas allé(e)...)
4. Ça fait plusieurs jours. Je commence à m'inquiéter/ ça fait quelques jours, elle va sûrement appeler dimanche.
5. Hier, il y a deux jours (six mois).
6. Depuis le début de l'année ; depuis l'année dernière.
7. Ça fait deux ans environ, je préfère l'avion ; depuis que j'ai acheté une voiture.
8. Oui, il y a plus d'un mois. Je ne pense pas qu'on le retrouvera ; non, il y a deux jours.

EXERCICE 2

Pendant... pendant que...

Quand... pendant...

Quand... pendant qu'...

EXERCICE 3

1. à condition de travailler très régulièrement.
2. à condition de commencer tout de suite.
3. à condition que tu m'invites, que tu me promettes de venir aussi chez moi.
4. à condition que vous ne fassiez pas un dîner particulier pour lui, que vous ne fassiez rien de spécial, que vous ne vous donniez pas trop de mal, que vous ne vous dérangiez pas pour lui.
5. à condition d'aller dans de bons hôtels, de partir avec des amis, d'avoir du temps
6. à condition que tu m'aides, que tu essayes aussi.

EXERCICE 4

1. aille
2. comprenne
3. arriviez
4. n'aies
5. viennes
6. fasses

EXERCICE 5

J'ai quelque chose à te dire.

Il n'a pas pu venir : il avait une course à faire.

Je n'ai rien à lire (d'intéressant) en ce moment.

Le soir, à la maison, il a beaucoup (de travail) à faire.

Il y a plusieurs expositions à voir en ce moment.

Je ne peux pas t'accompagner au cinéma, j'ai un devoir à finir.

EXERCICE 6

1. Ce qui m'intéresse, c'est la géographie.
2. Ce qui me fatigue, c'est travailler.
3. Ce que j'aime surtout faire, c'est du sport.
4. Ce que je préfère, c'est la musique.
5. Ce qui me plaît beaucoup, c'est voyager.
6. Ce que je ne supporte pas, c'est le bruit.

EXERCICE 7

Réponse ouverte.

EXERCICE 8

1. trop
2. très
3. délicieux (*très* est impossible avec des adjectifs qui expriment déjà une intensité, cf. mémento 5/6, 8).
4. trop
5. très
6. trop

EXERCICE 9

Réponse ouverte.

Orthographe

1. on continue
on range
on aimerait
on courait
on a déménagé
on ira

2. 1. ont
2. on
3. on
4. ont
5. ont – on
6. on – on
7. on

3. 1. mes sacs sont pleins, ils sont trop lourds pour moi.
2. ma valise est pleine, elle est trop lourde pour moi.
3. mes valises sont pleines, elles sont trop lourdes pour moi.
4. mon sac et ma valise sont pleins, ils sont trop lourds pour moi.

4. 1. finissons – soyons
2. j'ai oublié – serai
3. voulez – ayez – aurez – serez
4. ayons – j'ai téléphoné – restait

5. 1. des festivals
2. des travaux
3. des animaux
4. les détails

Alphabet phonétique international

Les sons consonnes

[p] pile, apporter
[f] fil, photo
[t] date, datte
[s] sec, cela, reçu, hisser
[ʃ] chaud, schéma
[k] quadriller, cinq, bec, bec
[l] lent, aller

[b] belle, habit
[v] vorace, rêve
[d] donner, addition
[z] zèbre, rose
[ʒ] je, girafe, pigeon
[g] gorille, bague
[ʀ] roue, arroser, rhum, car

Les sons consonnes nasales

[m] ami, comme
[n] ni, panne

[ɲ] oignon, cogner
[ŋ] parking

Les sons voyelles

[i] il, pie, île, cygne
[y] su, abus, sûr
[e] pré, sonnez, sonner
[ə] le, premier, cadenas
[ɛ] quai, très, robinet, avec
[ø] feu, veut, vœu

[œ] œuf, chaleur
[a] rat, date
[ɑ] las, pâte
[ɔ] robe, sonner, rhum
[o] mot, dôme, seau, saute
[u] pour, où, houx

Les sons voyelles nasales

[ɛ̃] pin, rein, faim, pain, thym, lycéen
[œ̃] aucun, parfum

[ɑ̃] tant, encre, faon, jambe
[ɔ̃] tondre, sombre

Les sons semi-consonnes – semi-voyelles

[j] yeux, tibia, rail, abeille
[w] oui, rouage, soir

[ɥ] lui, puis

Imprimerie Hérissey, Évreux - N° 72221 - Mars 1996